Travailler avec des cons

Du même auteur
aux Éditions J'ai lu

TONVOISIN DEPALIER
Vivre avec des cons
N° 8949

Tonvoisin
DEBUREAU

Travailler avec des cons

ESSAI

Avertissement

Toute ressemblance avec des individus cons de sexe masculin ou féminin, voire autre, ayant existé et existant toujours, et sévissant dans des entreprises, des collectivités, des industries, des administrations – que celles-ci soient publiques ou parapubliques – n'est ni pure coïncidence, ni fortuite, ni accidentelle, ni pas faite exprès, ni le fruit du hasard, ni la faute à pas de chance… et, si certains cons se reconnaissent, c'est normal, c'est volontaire et, surtout, c'est bien fait !

Con-ducteur

Préambule

Travailler avec des cons, un vrai métier !

Derrière ce petit livre se dissimule un grand et considérable projet, un beau challenge, qui consiste à trouver puis à donner à chacun et chacune d'entre vous, en neuf leçons, les clés de la survie dans ce qui est un vaste et hostile quotidien : la connerie humaine au travail.

Oui, les cons au travail existent, je les ai rencontrés et, bien que nous n'ayons pas été présentés… vous aussi, à coup sûr, vous les connaissez.

Derrière cette boutade matutinale facile – j'écris toujours le matin –, vous l'aurez compris, nulle idée de vous offenser, mais plutôt de vous inciter à une très grande prudence. Au même titre que le putois, l'*Alligator mississippiensis* ou, encore, le chimpanzé *Pan troglodyte* (mais pour d'autres raisons), l'approche du con au bureau demande de la vigilance, une santé physique et morale vraiment à toute épreuve et, surtout, une capacité hors norme à survivre dans un environnement redoutable.

À cela, par pur principe de précaution, mais, comme vous le verrez, dès qu'il s'agit du con au bureau on n'est jamais trop prudent, il convient d'ajouter une alimentation saine (ça ne peut pas nuire), de longues nuits de sommeil et... beaucoup d'humilité. L'adage est là pour nous le rappeler, aussi devons-nous pondérer notre enthousiasme : s'il est pénible de l'admettre, et même si ce n'est pas juste, « nous sommes toujours un peu le con d'un autre » (et, parce que le monde n'est finalement pas si con, il est bien possible que nous soyons le con de ceux-là mêmes que nous avions dénoncés comme tels).

Tout au long de ce voyage au centre de la connerie au travail, vous devrez toujours avoir à l'esprit que l'ouvrage pourrait tomber entre les mains de cons au bureau que vous auriez préalablement identifiés dans votre cercle professionnel. Il se pourrait même qu'un con ou plusieurs (on appelle cela un groupe de cons) aient décidé d'acheter l'ouvrage par eux-mêmes puisque le propre des cons est naturellement d'ignorer qu'ils le sont... À moins, plus simplement, qu'un plaisantin tautologiquement farceur ne le leur ait offert.

Quoi qu'il en soit, pas de panique – je vous vois venir, n'exagérons rien, le con sait lire ; on pourrait même dire que le con peut être redoutable d'intelligence dès qu'il s'agit d'inscrire celle-ci au service de la connerie –, si vous découvrez l'ouvrage sur le bureau de votre con préféré, je peux vous certifier qu'il est très probable que, même après sa lecture, il ne se reconnaisse en rien. Et si, quand bien même il se reconnaîtrait, comme je vous l'expliquerai dans la leçon n° 9, rien n'est perdu, bien au contraire.

Travailler avec des cons est un sujet sérieux, une activité digne d'intérêt à ne pas prendre à la légère, une activité qui, tout comme le tricot, le bœuf bourguignon ou la tête de veau, ne s'improvise pas. Les cons au bureau ne sont pas de tout repos et si les côtoyer n'est tout de même pas aussi grave que d'attraper la scarlatine, c'est en revanche beaucoup plus fréquent. Ainsi, sur le lieu de travail, beaucoup d'entre nous vont dire au moins une fois par jour : « Je vais finir par me le faire, ce con ! »

Seulement voilà, et vous le savez bien, la réalité est souvent tout autre. Force est de constater que vous ne faites rien du tout. Vous incubez misérablement vos désirs inassouvis de vengeance et, pendant ce temps, le virus de la connerie au travail, connu pour être extrêmement vivace, poursuit ses exactions.

Comme moi, vous l'avez sans doute constaté, à la différence du travail de nuit, des travaux pénibles, ou même des travaux à risque, qui font l'objet de quelques dédommagements, et contrairement à ce qui se passe dans le BTP, on ne peut pas s'arrêter de travailler pour cause d'intempéries de conneries. La France déjà ne travaille pas beaucoup, s'il fallait s'arrêter dès que la connerie pointe au travail, on ne travaillerait pour ainsi dire jamais. De même, et je trouve personnellement cela tout à fait anormal, travailler avec un con, bien que cela soit risqué et pénible, ne donne droit à aucun avantage compensatoire. Remarquez que je ne vois pas quel avantage pourrait être assez grand pour compenser l'incommensurable connerie d'un voisin de bureau. De sorte que – jusqu'à la lecture de ce petit livre – la plupart d'entre vous n'avaient sans doute pas eu beaucoup d'autres choix que de considérer cette tâche comme un deuxième travail. Un travail du genre parallèle et parfaitement bénévole, mais qui, à la différence des autres jobs de l'humanitaire, ne vous avait apporté, jusqu'ici du moins, aucune satisfaction particulière.

Enfin, et ce n'est pas le moindre, cet état de fait déplorable et terriblement répandu (je parle bien toujours de la connerie au travail) ne génère aucune attention particulière ni aucun émoi des syndicats. De là à dire que les syndicats sont des cons, ce serait aller un peu vite en besogne ; disons, pour faire dans le consensuel mou, qu'eux aussi ont leur lot de cons.

Ce désintérêt surprenant en ce joyeux et tonitruant début de XXIe siècle est confirmé par l'absence remarquée de journée nationale du con au bureau. C'est déplorable, puisque nous savons tous que cette journée pourrait trouver une place tout à fait honorable et discrète entre de nombreuses journées à la con comme la fête des secrétaires, la fête des Grands-Mères, la fête du Travail, la journée pour l'hydratation des vieux – qu'ils soient vieux cons ou pas si cons –, la journée sans tabac, la journée sans voitures, la journée sans viande hachée, la journée sans achats... Ce serait alors une fort agréable journée ensoleillée, même sous la pluie, où les cons ne travailleraient pas, où l'oxygène dans les bureaux aurait un goût doucereux de chlorophylle, et où même la mort de votre chien vous semblerait relever de l'anecdote (cela s'appliquant bien sûr à ceux qui ont un chien). Le con étant contraint de rester *con-finé* chez lui, cela, admettez-le, vous permettrait de souffler un peu et de recharger vos accus.

Pour les contrevenants – des cons, vraiment trop cons, qui viendraient au bureau ce jour-là –, des systèmes de biométrie très élaborés permettraient leur détection. Ainsi, tout con au bureau détecté pour s'être risqué à venir polluer l'atmosphère du bureau en ce jour béni (qui serait aussi appelé celui de la grande interdiction) serait alors saisi manu militari, traîné sans ménagement par les cheveux ou les pieds selon votre bon vouloir, attaché à une chaise ou à n'importe quoi, et condamné à regarder les autres travailler en harmonie, tout en fermant sa grande gueule. Passé quelques heures sublimes, une pause permettrait d'organiser la grande conspuation. De même, celle-ci serait mise à profit pour procéder agréablement à une lecture de l'ensemble de ses méfaits. Alors, après une longue délibération de quelques secondes, ses multiples victimes choisiraient le mode d'élimination le plus jouissif possible : décapitation, écartèlement, saignée, strangulation. Ensuite, tout le monde pourrait se remettre à travailler en sifflotant, le cœur léger, avec ce sentiment tout à fait particulier, libérateur et unique, du devoir accompli.

Seulement voilà, tout cela malheureusement relève de la plus parfaite utopie. Aussi arrêtons-nous très vite de rêver. STOP ! Retour à la réalité, pour ne pas dire en enfer. La journée du con au bureau, comme la journée sans les cons au travail, n'existe pas. En revanche, et vous le savez bien, pour vous qui n'êtes pas con mais qui êtes obligé de travailler avec des cons, c'est votre fête à vous, et tous les jours ! C'est triste, c'est contrariant, mais c'est comme ça et c'est tant pis. Vous devez apprendre à vous y faire ; ce qui ne veut pas dire, comme nous le verrons, qu'il faut rester là, comme un con, les bras croisés.

Le con au bureau, et je suis le premier à le regretter, n'est donc pas aujourd'hui reconnu dans nos sociétés. Si on est très fort pour reconnaître un fromage d'appellation d'origine contrôlée, le con AOC, lui, se fait attendre. C'est pourtant cette situation qui a contribué au développement de cette croyance imbécile qui veut que supporter un con au bureau doive être vécu comme une fatalité, un machin genre sacerdoce qui ne s'apprend pas, mais qui s'expérimente. Croire ceci est une ânerie de première... Un con, qu'on se le dise, n'a pas à s'expérimenter ! Un con, ce doit être éradiqué !

Si cohabiter avec des cons demeure pour beaucoup une grande souffrance, c'est, comme je vous le disais, une souffrance peu reconnue. Ainsi, aucun enseignement, aucun livre, aucun CD-Rom interactif n'en fait état. Pensez, il n'existe même pas d'experts, ni même de thèse, sur la connerie au travail, alors que les praticiens sont légion. Il est vrai qu'être docteur en connerie au travail pourrait prêter à confusion. De même, à ce jour, aucun séminaire n'affiche de programme sincère ; programme qui serait pourtant promis à de francs succès, comme : « Gérer votre con » ; « Manager un connard » ; « Les cons au travail, mode d'emploi » ; « L'abc de la connerie au bureau » ; « Que faire avec un con ? » ; « Vivre avec un con, pour les nuls » ; « J'ai rencontré mon premier con au bureau » ; « Survivre dans l'entreprise avec des cons » ; « Votre manager est un con » ; « Un con a été promu, que faire ? » ; « Je deviens con, comment m'en sortir ? » ; « Tester votre QC [quotient de connerie] » ; « Anthologie des cons au travail »…

Non, rien de tout cela n'existe. A contrario, il est proposé des programmes de type soins palliatifs : « Gérer votre stress au travail » ; « Réussir sa vie »… Tu parles, Charles !

Dans notre monde qui ne dit plus les choses, chacun l'aura compris, le stress au travail est souvent lié à une surexposition à la connerie. Quant à apprendre à gérer son stress ou réussir sa vie, ce sont avant tout des ouvrages qui ne disent pas leur nom mais qui n'ont qu'une ambition, celle de nous apprendre à vivre avec de vrais cons !

Ce vide qui, s'il était comblé, pourrait nous aider à mieux vivre au travail, est très préjudiciable. Non préparés, non informés, la plupart d'entre nous, au travail, tombent sur un con et ne s'en relèvent parfois jamais. La connerie humaine dans l'entreprise se prend en plein dans la gueule et c'est souvent pour chacun et chacune un grand choc interculturel. Certes, nous pourrions aisément prétendre qu'expérimenter, c'est connaître, mais il y a des limites et des cas particuliers dont le con fait partie. Le con au bureau est avant tout un être multiforme, souvent très déconcertant et d'une créativité dans la connerie qui, cela arrive parfois, confine au chef-d'œuvre. De ce con, nous disons : « C'est un con admirable. » Ou : « Il est admirable de connerie. » La connerie au bureau peut en effet tutoyer le génie.

Pour vous en convaincre, prêtez-vous à ce petit jeu et écrivez, ci-dessous, la dernière connerie qui vous vienne à l'esprit d'un con au bureau. Cet exercice, vous le verrez, est salutaire.

....
....
....
....
....
....
....
....

Pour tout cela, il fallait donc, et de façon impérative, pallier une bonne fois pour toutes ce manquement à la fois honteux, scandaleux, innommable... bref, indigne !

Il est vrai qu'admettre cette nécessité de préparation à la connerie au travail ou à la défense (il serait d'ailleurs plus juste de parler de légitime défense) contre cette même connerie, dans un monde prétendument évolué, peut paraître de prime abord un peu déprimant. L'humain est comme il est, et pas toujours comme on aimerait qu'il soit. Mais de là à ce que personne ne vous ait demandé lors de votre entretien d'embauche si vous préfériez un con, deux cons, trois cons, ou bien faire l'impasse, c'est un peu fort de café. Parce que, en matière de connerie, c'est souvent fromage et dessert ; c'est toujours de la non-assistance à personne en futur danger. Aussi la moindre des choses eût-elle été que l'on vous prévienne. « Attention, avant de vous engager, réfléchissez bien. Sachez que vous allez travailler avec des cons... » Je ne dis pas que vous auriez refusé le poste, les hommes sont ainsi faits qu'ils ont besoin de voir pour croire ; mais bon, au moins, vous auriez su à quoi vous en tenir.

Dans le même temps, à bien y réfléchir, il y a peut-être pire encore. Ainsi, ne vaut-il pas mieux des cons au boulot qu'un boulot de con ? Si vous avez du mal à vous déterminer, alors imaginez un instant le pire du pire : un boulot de con avec des cons. Fermez les yeux... Visualisez... Vous y êtes... Vous êtes en enfer ! Pour les plus malchanceux d'entre vous, il se peut malheureusement qu'il ne soit même pas nécessaire de fermer les yeux, c'est peut-être déjà votre quotidien. Je sais, cela ne va pas vous faire plaisir, mais sachez que le cumul des mandats ne relève pas de la faute à pas de chance, ni de la maladresse, c'est à la limite de la négligence ; à moins bien sûr – mais il me faudra des preuves de ce que vous avancez – que l'étoile sous laquelle vous êtes né ne soit en phase terminale (au sens clinique du terme), ou que la fée qui s'est penchée sur votre berceau n'ait été en réalité une fieffée salope ; parce que, fée et salope à la fois, cela existe aussi, mais c'est un autre sujet.

Leçon n° 1

Comment reconnaître un con au bureau ?

Au même titre que Dieu, les trous noirs, la réussite ou la non-réussite d'une crème renversée, ou la prolifération des nains de jardin, le con au bureau est à lui tout seul un défi aux lois de l'Univers. Comme, très curieusement, il n'a jamais fait l'objet d'études ni poussées ni poussives – et bien que ses ancêtres polluent les ambiances de travail depuis que les ambiances de travail existent, et qu'il n'y ait pas une personne au travail qui ne soit tombée un jour sur un con –, il est encore, au jour où j'écris, difficile de s'accorder sur une définition vraiment précise du con au bureau.

Le point d'achoppement à un consensus et à une définition universelle étant que chacun d'entre nous a une tolérance et une résistance à la connerie qui lui sont propres. Cette résistance variable que je pourrais expliquer, c'est un peu comme le capital soleil. Dès notre plus jeune âge, nous disposons d'un capital de résistance à la connerie qui nous est spécifique. Cela relève donc en partie de l'histoire personnelle de chacun et de la gestion de son terrain allergogène.

Il est probable, par exemple, que des vacances en club, au camping, confiné avec une paranoïaque qui vous harcèle pour du harcèlement qui n'existe que dans sa tête parce que vous avez des traits du père, ou cloîtré sur un bateau avec des désormais ex-amis aient pu développer un fort terrain allergisant… Qu'importent d'ailleurs les facteurs déclenchants ou aggravants ; ce sont là quelques pistes…

La connerie au bureau : une fatalité qui se combat

Malgré la complexité liée à la multiplicité des variables à intégrer, je vous propose de revisiter la non-définition de Jean Rigade – non-définition qui s'applique aux cons en général et, pour ce qui nous concerne ici, adaptée aux cons au bureau en particulier :

Un con au bureau, ça ne se définit pas. On ne peut donner que des exemples.

Des exemples de cons au bureau et même en plein air (on dira alors « cons en bureau paysager »), il est vrai qu'il y en a tout plein ! Et, comme il n'y a pas de mal à se faire du bien, je vous propose d'y penser avec fortitude.

Au cas peu probable où vous manqueriez d'inspiration, n'hésitez pas à reprendre votre dernière évaluation, ou à piocher au hasard un e-mail à la con que vous auriez reçu d'un vrai con au bureau.

Là aussi, et comme vous le constaterez, il y en a tout plein !

En règle générale, si l'on choisit ses amis et ses amours, il est plus rare de choisir ses collègues de travail, et plus rare encore de choisir ses supérieurs hiérarchiques. L'équipe géniale d'hier qui vous fit dire « on » en parlant avec des trémolos dans la voix de votre entreprise et de ses succès a disparu corps et biens au panthéon de vos illusions. Vous n'allez plus en klaxonnant aux grands-messes annuelles et, le matin, vous vous surprenez à dire en soupirant à votre conjoint ou, à défaut, à votre animal de compagnie : « Et dire que je vais retrouver tous ces cons », ce qui est certainement un peu outrancier mais, admettez-le, assez lucide.

Comme le disait presque Pascal :

Vous avez deux choses à perdre : le vrai et le bien ; et deux choses à engager : votre raison et votre volonté, votre connaissance et votre béatitude. Et votre nature a deux choses à fuir : l'erreur et la misère. Votre raison n'est pas plus blessée en choisissant l'un que l'autre, puisqu'il faut nécessairement choisir. Voilà un point vidé. Mais votre béatitude ? Pesons le gain et la perte, en prenant choix que le con au bureau n'est pas. Estimons ces deux cas : si vous gagnez, vous gagnez tout ; si vous perdez, vous ne perdez rien ; ça ne pourra pas être pire qu'avant. Gagez donc qu'il n'est pas, sans hésiter.

Faut-il pour autant fuir tout de suite ? La réponse est clairement non ! Comme le disait un philosophe junkie que les érudits reconnaîtront : « Les choses ne changent pas, il suffit de changer sa façon de les regarder. » Cela ne sous-tend pas arriver défoncé au bureau – quoique, cela pourrait peut-être aider à mieux supporter la connerie, comme le pot belge aide les sportifs à mieux supporter les doses d'entraînement –, mais changer de façon radicale son approche de la connerie !

Aussi, en attendant l'éventualité de cet heureux et définitif événement qu'est la fuite et qui laissera derrière vous toutes ces petites préoccupations d'honnête travailleur, il y a encore du taf, les 35 heures, Ségolène Royal, et une retraite cabotine qui recule bizarrement au fur et à mesure que vous vieillissez. Qui plus est, le diagnostic est fait. Alors, soyons sincère, ne tergiversons plus et disons-le tout de go, lorsque la première idée qui vous vient à l'esprit le matin en posant le pied sur votre moquette (fût-elle molletonnée), c'est : « Oh, putain, tous ces cons ! », avec cet indicible sentiment de lassitude et d'engloutissement propre au noyé en haute mer, alors on peut dire sans risque d'erreur que c'est un signe qui ne trompe pas. Votre bureau est contaminé ! Aussi devez-vous agir ou, du moins, réagir !

Après avoir souscrit comme tout un chacun et toute une chacune à l'épanouissement au travail (autrement nommé la grande aventure par ses inventeurs), après avoir joyeusement cotisé au repas de fin d'année où les couples officiels se font et se défont au profit et au rythme de la culture d'entreprise, dans toute carrière qui se respecte, passé ces quelques années, vient le moment où l'enthousiasme primesautier commence à s'émousser.

Dans ce même ordre d'idées, après avoir souscrit à tous les stages d'« incentive » et joué à qui mieux mieux au paintball en vous roulant dans la boue avec vos petits camarades, votre motivation ne peut qu'avoir été largement revue à la baisse. Dès lors, vous passeriez bien à un stade supérieur beaucoup plus incisif du genre paintball avec tir à balles réelles, saut à l'élastique sans élastique, ou encore raft en équipe dans les chutes du Niagara par temps super énervé. Histoire non plus de souder quoi que ce soit, mais, de façon certes très triviale, d'essayer d'en dessouder quelques-uns.

Aussi, face à tous vos nouveaux projets à vocation d'assassinat d'hypocrisie, vous interrogez-vous. Vous vous posez ainsi mille et une questions : « Que s'est-il passé pour que j'en sois arrivé là ? » ; « Quel génie malfaisant a pu ainsi et à ce point torpiller mon légendaire entrain et changer mon paradis originel en no man's land répulsif ? » ; « Qui a pu transformer mes journées en centre d'entraînement à la guérilla urbaine ? »... Allez, ne cherchez plus, c'est ce con au bureau. Ce constat sibyllin laissant à penser que les cons, lorsqu'ils ne déclarent pas des guerres propres, se replient dans les bureaux pour foutre le bordel.

Si c'est moche, loin de moi l'idée de vous faire croire que vos pulsions relèvent du politiquement correct. Soyez tranquille, tous les médecins honnêtes du travail vous le diraient, à commencer par le premier d'entre eux, le Dr Nietzsche : « Humain trop humain. Vas-y, va ! » Mieux, selon moi, c'est même sain.

Fréquentation des cons aidant, après la niaque entrepreneuriale originelle, vous en êtes arrivé, petit à petit, à une envie plus raisonnable et pour le moins minimaliste : « survivre en milieu hostile » et « faire bouillir la marmite ». Cela fait certes moins *hype* et *in the move* dans les dîners mondains, et vous sentez dans les yeux de votre partenaire comme un tassement, voire un effondrement de son admiration. C'est un petit peu ennuyeux pour l'ego, mais cela présente au moins le mérite d'être sincère. Le privilège de l'âge étant, au bout du bout, d'arrêter de se mentir tout en continuant, par schizophrénie parentale, à faire croire pêle-mêle à ses enfants que le Père Noël existe, que Dieu aussi d'ailleurs, mais qu'il fait moins de cadeaux et n'a pas vu le reportage sur le Darfour. Qu'enfin, si certains enfants se comportent comme des cons, c'est qu'ils sont malheureux, même si, vous le savez très bien, petit con deviendra grand… Et là, vous savez de quoi vous parlez… il se trouve que le con au bureau, c'est son père.

Aujourd'hui, vous en avez fait le constat un peu amer, si vous allez encore travailler tout en en étant revenu (jeu de mots), il est clair que vous avez dépassé les illusions du travail « où-c'est-la-totale-pure-éclate-grave-de-chez-grave ». Le paradis en a pris un coup et vous avez opté pour un plus raisonnable et réaliste : « Quelle merde ! », « Quel bordel ! » ou, encore, un plus urbain : « Vivement vendredi ! » Et si, dès le lundi, vous commencez à vous préoccuper de la météo du week-end, sans percevoir toutefois la différence entre un cumulus et un cumulonimbus, c'est que, et tout prévisionniste (même mauvais) vous le dira, votre motivation a été revisitée.

Ces réflexions profondes peuvent être assorties de quelques jurons dont vous saupoudrez votre quotidien comme vous ajouteriez du gruyère dans votre salade verte, jurons pour le moins révélateurs de la situation. Au rang de ces jurons, j'ai pour monsieur : « Je vais le buter ce gros con ! », et pour madame : « Quelle grosse connasse ! » Il est utile de rappeler ici que, d'un point de vue purement sémantique, les termes connard ou connasse (et non connarde), bien que relevant indéniablement de la famille des cons, confèrent un sens tout à fait particulier. En effet, si le connard est un con, il me semble qu'il se situe légèrement au-dessus du con de base. Pour que vous puissiez le situer et ne pas vous fourvoyer dans cette ontologie complexe, je dirais :

Le connard est au con ce que la noblesse est à la bourgeoisie.

Mais dépassons ces débats sémantiques pour revenir à l'essentiel. Autant se l'avouer, les années ont gâté la mariée. Par un odieux jeu de chaises non maîtrisé (du moins non maîtrisé par vous), vous vous êtes retrouvé confronté à vos premiers cons au travail, pour ne pas les nommer, souvent des n + 1 sortis de nulle part. Très vite, et sans pourtant beaucoup les connaître, vous avez compris que derrière cette étrange formule mathématique se cachaient parfois des hommes ou des femmes qui, pour le coup, étaient de vrais cons.

Avant de poursuivre, rappelons que contractuellement un n + 1 n'est nullement tenu d'être ou de devenir con. Ce n'est pas dans son plan de charge ! Le n + 1, au moins au départ, désigne seulement celui ou celle qui a été mandaté (par on ne sait trop qui) pour vous pourrir la vie au quotidien, ce qu'il fait (il faut le reconnaître) avec une grande conscience professionnelle, une grande rigueur et, parfois même, beaucoup de zèle. Pour autant, ce n + 1 appliqué, détaché à votre emmerdement personnel de proximité, ne doit pas vous faire oublier que d'autres cons peuvent aussi vous pourrir la vie d'un peu plus loin. On les appelle les n + 2 et les n + 3. Si vous les voyez moins, c'est uniquement parce que, par commodité symbolique, tout comme les produits dangereux dans une cuisine, ils sont rangés à des étages supérieurs.

Si j'attire votre attention sur ces cons-là, c'est parce qu'ils peuvent tout à fait être responsables et coupables du comportement du n + 1. Ce que souligne fort à propos le célèbre anthropologue San-Antonio.

Dans une administration, plus qu'ailleurs et autant que dans l'armée au moins, tu dois te soumettre au supérieur. Voilà pourquoi tu as tellement tendance à faire chier l'inférieur. L'inférieur, c'est ta compensation, ton aspro, ta soupape !

Si le propos n'est évidemment pas ici de trouver de quelconques excuses à votre persécuteur attitré – loin de nous cette idée horrible –, il est bon cependant, comme disait l'autre théâtreux qui n'était pas con, de raison garder.

Devenir très très con est bien à la portée de tout un chacun, cela se nomme un phénomène translatif de réaction. Il est de nombreux exemples où des gens a priori plutôt bien finissent, sous la pression et dans certaines circonstances, par devenir de belles ordures. L'humanité, c'est aussi cela ! Et si je ne dispose pas de statistiques précises sur le taux de reproduction des cons au travail, de très nombreux témoignages indiquent que ça doit y aller fort… Un peu comme lors de la Première Guerre mondiale, où chaque famille connaissait au moins un mort, un peu comme pour le chômage, où chaque famille compte ou a compté un demandeur d'emploi, tout le monde connaît un con au bureau. Bref, il y a de très grandes chances – c'est là évidemment une façon de parler – que vous vous trouviez dans une foutue merde.

Si on a coutume de dire qu'un con, ça promet, – un con malheureusement, et il faut en prendre acte –, c'est aussi promu. En revanche, pour ce qui a trait au départ de cons, s'ils sont (en référence à la même loi) également fréquents, ils sont beaucoup moins visibles puisque, bien entendu, personne ne se sent obligé d'assister à leur départ. Le con au bureau, lorsqu'il quitte l'entreprise, fête donc son départ tout seul comme un grand, et c'est tant mieux, c'est même bien fait ! On pourrait dire finalement qu'il fête son départ comme un vrai con !

Au risque de vous rappeler des moments bien douloureux, remémorez-vous ces instants quasi extatiques qui ont pu vous faire croire un instant que vous possédiez quelques pouvoirs cachés de type GPS à cons intégré, ces instants où, tels

Daredevil, Iron Man et les autres copains, vous l'avez détecté au premier contact. Ce fut un peu comme un coup de foudre en négatif. En lui serrant à contrecœur sa main moite (de toute façon, même sèche vous l'auriez trouvée moite), vous vous êtes dit : « C'est lui (ou c'est elle) ! »

Il est vrai que découvrir un con est une expérience singulière. C'est même une révélation, une espèce de passage à Lourdes où se produirait un vrai miracle, mais à l'envers.

Reconnaître le con au bureau, vous l'admettrez à rebours, est d'une simplicité déconcertante, c'est purement animal. La répulsion est aussi immédiate que physique. C'est bien simple, tout en eux vous révulse : leur façon de parler, de rédiger leurs e-mails, d'être, de rire et de hurler, de boire et de pisser, de manger et de faire chier. Pour faire simple, ce qui vous révulse le plus chez eux, c'est très globalement leur façon de tout. De sorte que l'on peut admettre ici le postulat que d'un con – parce que cela se ressent et que cela se pressent –, vous pouvez en un coup d'œil évaluer le potentiel de saloperie qu'il s'apprête à commettre.

Après, et bien que certains s'en défendent, il y a toujours une espèce de petite jubilation personnelle à pouvoir dire qu'on ne s'était pas trompé et une envie irrépressible de dire : « Je vous l'avais bien dit ! » Tu parles, Pyrrhus, d'une victoire !

La conophobie

Cette réaction physiologique établie, équivalente à l'arachnophobie (autrement dit, les araignées vous angoissent), vous faites ce qu'il convient de nommer un rejet. En terme médical, cela s'appelle une conophophie (autrement dit, les cons vous angoissent). La conophobie, comme toutes les zoophobies, est une phobie dite simple par opposition aux phobies complexes que sont l'agoraphobie ou les phobies sociales. La conophobie a même des origines très comparables aux origines de l'arachnophobie. Elles sont à la fois génétiques et culturelles. D'un point de vue génétique, les premières rencontres angoissantes de l'homme préhistorique avec cette créature étrange qu'est le con de la grotte voisine qui piquait le feu de vos ancêtres, comme aujourd'hui le con au bureau vous pique vos résultats, se sont transmises de génération en génération pour finir par s'ancrer dans l'inconscient collectif. Sans doute est-ce la raison pour laquelle – comme culturellement des proches ont pu vous alerter très jeune de l'existence de Dieu – vous avez admis très tôt l'existence des cons au travail.

Devenu phobique aux cons au bureau, vous dissimulez avec plus ou moins de talent votre « insupportation » dès lors que vous vous trouvez en leur présence. C'est ennuyeux ! Si un con doit évidemment être pris pour ce qu'il est, à savoir un con, il n'est pas très utile qu'il soit tenu informé heure par heure de votre opinion. Le con n'aime pas du tout être pris pour ce qu'il est. C'est comme ça. Aussi devez-vous apprendre à en tenir compte. Si votre jugement se lit sur votre visage, si, lorsque vous le croisez, il peut y voir clairement inscrit « pauvre con », il faut travailler d'arrache-pied cette petite faiblesse. La chasse au con au bureau (on dit aussi taquiner le con) se pratique comme la chasse à la botte. L'approche doit être lente et, surtout, à bon vent si l'on ne veut pas voir le con au bureau partir hors de portée. Parce que ce con est méfiant, sa chasse demande de l'adresse et de la maîtrise de soi. Mon conseil : prenez une glace, prononcez son nom et exercez-vous à gommer vos grimaces, rougeurs et airs exaspérés. (Une photo du dernier repas de fin d'année peut également servir de support !)

Exposé de façon régulière, vous pouvez également développer d'autres difficultés. Parmi les troubles les plus communs constatés, vous pouvez somatiser en attendant dans l'anxiété la prochaine vacherie. À ce stade, si même quand il n'est pas là il est encore là, il n'est plus utile de vous voiler la face, le cas est très sérieux, votre phobie au con au bureau est avérée. Vous faites ce qu'il est d'usage d'appeler en langage scientifique une *connarium allergitum*. Sans entrer dans les détails, sachez que c'est à peu près aussi dangereux que l'*influenza aviaire* pour les canards, mais là, et comme vous l'aurez compris, cela s'applique aux connards. Trépigner, vociférer, hurler, chouiner, vous rouler par terre n'y changera rien. Lorsqu'il y a allergie grave et que ça vous démange, il faut traiter ! Un traitement adéquat nécessitant de mettre d'abord le ou les virus en observation pour caresser l'espoir de devenir pour les cons au bureau ce que Pasteur fut à la rage et Schwarzenegger, au cinéma d'auteur : un éradicateur averti. Vous pourrez alors, et par la suite, envisager des traitements de masse et assurer un essaimage bénéfique de votre savoir-faire. Il vous faudra simplement assumer ce nouveau statut d'exorciste. Je gage alors que vous serez très demandé.

Oui, les cons au travail sont une vaste et belle communauté qui prospère. Tels les envahisseurs surgis de nulle part (enfin si, de quelque part, mais d'oùkonsaitpas), les cons au travail se déclinent au pluriel dans l'organisation : un con, deux cons, trois cons, quatre cons... pour former des bandes de cons sans pour autant – il n'y a donc pas obligatoirement de rapport de cause à effet – taper dans un ballon. Paradoxe, et non des moindres, que vous aurez relevé : malgré ce gène récessif commun, si les cons au bureau peuvent cohabiter à leurs différents niveaux de connerie, ils ne sont pas pour autant et toujours les meilleurs amis. De loin s'en faut !

Cela peut même aller jusqu'à la détestation. Les raisons, alors, échappant au domaine de la raison. Dans ce même mouvement, les cons au bureau peuvent en arriver à déclencher des batailles rangées de cons qui, il faut bien le dire, peuvent être fort dévastatrices, même si celles-ci, le plus souvent, sont assez risibles.

Dans d'autres cas, après vous avoir mis dans une belle panade, parce qu'ils réalisent soudain les dégâts de leurs conneries respectives et combinées, ils peuvent, mués par je ne sais quel stupide instinct de survie, se rejeter la faute. On dit alors qu'ils jouent au con puisque cela leur permet de faire ce qu'il est convenu d'appeler de « grosses conneries ». Par la suite, une fois l'échec bien *con-sommé*, ils n'hésitent pas à se mettre d'accord entre eux pour vous rejeter la faute à coup de : « Je n'ai jamais demandé cela »,

« Vous aurez mal compris » ; bref, et je n'insiste pas, vous connaissez.

Il est vrai que, lorsque les intérêts supérieurs de la connerie sont en jeu, les cons peuvent faire des alliances stratégiques contre nature. Cela s'appelle indifféremment : une catastrophe, ou Tchernobyl, ou Clearstream (histoire que vous situiez ce concept).

Leçon n° 2

Ce qui frappe chez le con au bureau

Si faire la liste des non-qualités du con au bureau est évidemment une gageure, disons, pour simplifier, que nous retrouvons chez le con au bureau un ego à la con, une ambition à la con, une amoralité à la con. Bref, tout un tas de petitesses et autres mesquineries à la con !

L'ego du con au bureau

Le *moi je* est, chez le con au bureau, une sorte de leitmotiv, son *nickname*, son pseudo, son autre lui. C'est le moteur de son existence : il s'aime donc il est. Si, comme le dit notre ami Cioran : « Dieu est, même s'il n'existe pas », le con, lui, non seulement il est, mais en plus il existe. Vous avez connu un succès, il vous en sort deux ; vous avez escaladé du 5 C, il vous sort, goguenard, qu'il préfère le 90 C.

Si votre voisin de bureau présente un tel profil, alors c'est dans la poche. Jackpot, vous le tenez, il est certifié conforme au bon con au bureau comme il est décrit dans ce manuel. Soyez tranquille ou catastrophé – c'est selon votre capacité à faire face à l'ennemi –, c'est bel et bien un con.

La problématique essentielle de son autoperception égocentrée est que le con *moi je* ne produit bien évidemment rien d'exceptionnel. Comment voudriez-vous qu'il fasse ? Si vous consentez à lui prêter un peu attention, vous constaterez qu'il a un charisme de potager qui le situe à mi-chemin entre l'endive et le navet, c'est dire s'il impressionne les betteraves. Quant à produire, inventer, innover, proposer, motiver, ce sont pour lui des adjectifs (le con n'aura pas reconnu des verbes) qu'il connaît pour les avoir entendus en séminaires. Je note au passage que le con revient d'ailleurs souvent de ces séminaires avec de nouveaux mots plein la bouche. C'est d'ailleurs un moment délicieusement amusant que de le voir s'essayer à les utiliser. Au début du XXIe siècle, le con de base a ainsi fait beaucoup de synergies, synergisant ici et là. Il a synergisé à qui mieux mieux, avant de repartir pour un nouveau séminaire, pour de nouveaux mots, pour de nouvelles et inédites conneries. Parmi les phrases rigolotes qu'il peut prononcer à son retour, j'ai noté pour le fun :

> « *Si on se pose sur ce trend*, on se choppera le *break even next month*. Je coache grave le *hub manager* de notre *spin-off*. Et mon idée d'implémentation d'un *full outsourcing* de la *supply-chain*, c'était top pour le *cash-flow*. Il a fallu un petit coup de *down-sizing*, mais bon… *Business is business* ! »

Bref, au-delà de nous faire bien marrer par tant de clairvoyance, pour le reste, vous devez en être convaincu, tout ce qui fait sens est hors de sa portée. C'est cette incompréhension qui fait de lui un *moi je* assez vide. Tel le mulet de base, s'il fait le beau à ses heures, quand le moment du passage à l'action est venu, il se montre bien incapable de produire. Nullement traumatisé pourtant, l'étrange animal continue de se pavaner. Certains poètes anonymes en observant l'incroyable nature à l'œuvre ont su, avec délicatesse et justesse, traduire dans de douces rimes la situation du lapin que vous êtes face au corbeau perché si haut.

Le corbeau sur un arbre perché
Glandait à ne rien faire toute la journée.
Un lapin voyant le corbeau
L'interpelle et lui demande aussitôt :
Moi aussi, comme toi, puis-je m'asseoir
Et ne rien faire jusqu'au soir ?
Le corbeau lui répond de sa branche :
Bien sûr, ami à la queue blanche.
Je ne vois pas ce qui pourrait, mon beau,
De la sorte t'empêcher le repos.
Blanc lapin s'assoit par terre
Et sous l'arbre reste à ne rien faire.
Tant et si bien qu'un renard affamé,
Voyant le lapin somnoler,
S'approche en silence et en fait sa pitance.

Moralité :
Pour rester assis à ne rien branler,
Mieux vaut être très haut placé.[1]

1. Source : « Internet at Large ». www.lafontaine.net/scripts/affichePastiche.php ?id=61.

Plus sérieusement, il serait naturel de croire que cette impuissance qui, de prime abord, et pour quelqu'un de bon sens, apparaîtrait comme handicapante, voire comme un motif de licenciement sérieux, le tétanise. Pensez-vous ! Le con au bureau n'a peur de rien – si ce n'est de lui-même, si ce n'est de son incompétence ; j'y reviendrai dans ce qui suit –, ce qui explique au passage que beaucoup de héros sont en fait de fieffés cons (une petite pensée pour tous les héros morts), mais je m'éloigne du sujet. Pour pallier à cette faiblesse qui pourrait lui être fatale, le con au bureau excelle dans une spécialité compensatrice : le vol régulier et crapuleux du travail et des idées d'autrui. Le con au bureau fait dans la récupération et le recyclage de votre travail. Concentré sur vos succès présents ou à venir, il guette le moment opportun pour vous retirer un dossier et en recevoir toute la gloire. Et, comme il sait prendre le meilleur pour lui seul, il excelle dans l'art de déléguer ses échecs – avec le même soin qu'il met à s'approprier vos réussites. Si le très honorable M. Poubelle a inventé la bien nommée poubelle, le con, lui, a beaucoup fait pour le tri sélectif. C'est ainsi qu'il a pu redonner ses lettres de noblesse à un poncif du management de haut vol :

C'est celui qui dit qui y est !

En cas de vol caractérisé et d'usurpation ignominieuse, rien ne vaut une petite mise au point, une phrase bien sentie lancée à bon escient avec la naïveté angélique d'un premier communiant, en privilégiant naturellement la présence de témoins : « Vous savez, ça ne me gêne pas que mon nom ne figure pas sur mon travail, mais au cas où les destinataires souhaiteraient comprendre la logique de la démarche, vous devriez apposer mon nom en contact. Sauf erreur de ma part, il me semble que tel n'est pas le cas. » Ainsi pensez-vous pour vous-même : « Comme ça, vous aurez l'air moins con si on vous pose une question » – mais ça, évidemment, vous ne lui dites pas.

Tout cela ne mange pas de pain, mais, croyez-moi sur parole, voilà de quoi bien le contrarier. Quant à endosser la paternité de tous ses plantages, il est bon de lui faire savoir, avec la même retenue et fermeté à la fois, que vous n'êtes pas horticulteur.

L'ambition

Le con au bureau est ambitieux, c'est-à-dire, pour être tout à fait précis, qu'il a surtout de grandes ambitions pour lui-même. Comme nous avons vu qu'il s'aime avec une fougue soutenue – sans nécessairement loucher ni être déficient visuel, le con au bureau est incapable de se regarder en face ; j'en profite pour souligner ici que le con au bureau peut très bien avoir un faciès convenable ; aussi l'appellation « tête de con », qui viserait à faire croire qu'un con au bureau est physiquement reconnaissable, me semble-t-elle exagérée –, le con au bureau ne maîtrise pas ses limites, qui, pourtant, vous sautent aux yeux... Certains, d'ailleurs, ne prétendent-ils pas que même son miroir le lui répète : « Oui, maître, nul doute possible, même de dos, c'est bien vous le plus con » ? Remarquez, comme quoi rien n'est jamais sûr, ce sont ces mêmes sources qui, dans le même temps, affirment que le con au bureau ne croit ni dans les autres ni dans sa propre image.

La vérité, comme souvent, doit se situer dans un entre-deux. Si le con au bureau ne se voit pas, en revanche, il s'y voit déjà. Il s'imagine, il se projette, il s'envisage, il se rêve. Bon d'accord, surtout, il vous emmerde, mais là n'est pas mon propos.

Concentré sur lui-même dès potron-minet, il s'anticipe, persuadé qu'il est d'avoir un destin à la hauteur de son titre déjà grandement usurpé. Directeur, responsable, chef de service, ou encore manager sont, pour le con au bureau, des titres intermédiaires hautement insuffisants. Non content, il se voit plus loin encore, il se voit au sommet de la hiérarchie, ce qui, vous le savez (et il doit le pressentir), le rendrait encore beaucoup plus proche du nirvana de la connerie. Comme parfois personne au-dessus de lui ne semble inquiet de son état, voire même cautionne sa grotesque incompétence en encourageant ses travers – on s'amuse comme on peut –, il continue à être persuadé que flicage, sournoiserie, disqualification, rudoiement, propagation de rumeurs dégueulasses, établissement de dossiers bidonnés, menaces et harcèlements divers sont les clés de la productivité et donc de son succès à venir. Aussi n'avez-vous guère d'autres choix que de vous retrouver, tel Mulder, plongé dans un « X-Files » en vrai avec, sous les yeux, votre crapaud géant qui grandit, enfle, menace d'exploser toute l'entreprise, et tout cela dans l'indifférence, l'inconscience générale avec, comme toujours, une Scully injoignable.

Entre nous, qu'un crapaud géant grossisse dans une entreprise est une chose, que personne excepté vous ne le voie est effectivement très mulderien et perturbant, mais que toute l'activité de l'entreprise soit concentrée et dédiée au service de la carrière désastreuse du batracien ne peut que vous laisser sans voix. Heureusement, et vous la pressentez à défaut de la connaître, la vérité est ailleurs : au final, et c'est ce qui se passe dans ce type de situation, tout le monde finit par se barrer à la recherche d'une vérité nouvelle, loin du crapaud aux bouffées mégalomaniaques, des nénuphars et des têtards périphériques en charge de faire la claque à cette vraie tête à... claques.

Parce que le con qui progresse dans l'institution est un danger, pour vous, pour les autres, pour les organisations et donc, à terme, pour la nation, il est impératif de lutter avec détermination contre les cons au bureau. C'est même un devoir, un acte citoyen !

L'amoralité

Se risquer sur le terrain de la morale avec un con revient à peu près à parler banquise et fonte des glaciers à un Touareg. Ça le distrait ! Au mieux, il vous toisera (par en dessous s'il est plus petit et par en dessus s'il est plus grand) pour vous dire qu'il a toujours le moral. Mais, s'il a le moral, la moralité, en revanche, lui est complètement étrangère. Elle n'a pour lui ni passeport, ni visa, ni carte de séjour. Persona non grata, la moralité pour le con au bureau n'a même aucun visage. Conclusion des courses, si le con au bureau n'a pas de morale, en revanche, il a le moral pour lui.

Tout est dit ! Si le con a du talent, c'est bien celui de n'avoir que faire du respect et des conventions,à croire qu'il n'a pas été élevé, ou que ses parents, excepté le nourrir, n'ont pas pu grand-chose – à moins, comme nous le verrons, que la connerie ne se fonde sur un truc mal vécu au départ ; plus vraisemblablement d'ailleurs avec le père qu'avec la mère, mais, là encore, j'y reviendrai (pour être tout à fait précis, ce sera alors dans la leçon n° 7). C'est la raison pour laquelle le con au bureau s'est comme fait une spécialité de maintenir son entourage de travail dans un état de constante stupeur.

Parce que trop c'est trop, parce que c'est mathématique et que, passé un certain temps, il est évident qu'une énième saloperie va réussir à ruiner en vous deux mille ans de civilisation auxquels s'ajoutent les quelques années de votre éducation – et comme ce qui n'est jamais trop tôt n'est jamais trop tard non plus –, je gage que vous vous autorisiez, arrivé au presque bout du rouleau, à être (enfin) aussi grossier que lui. Quitte alors à lui assener, lorsque la coupe sera pleine, un « Vous êtes un fieffé con », expression certes éloignée de votre sémantique élaborée et usuelle, mais qui, j'en suis sûr, présente l'avantage d'être immédiatement et pleinement saisie par votre cible.

Petitesses et autres mesquineries

Le con au bureau, quelle que soit sa taille, est petit ! Dans l'organisation, n'ayant pas grand-chose à faire, hors (comme je l'ai souligné) récupérer ici et là et à son compte le travail d'autrui et faire chier son entourage par ses coutumières turpitudes, il est utile (mais vous l'apprend-on vraiment ?) que vous sachiez que, pendant que vous avez la tête dans le seau, pendant que vous en soupez des projets que vous devez mener de front, pendant que vos rendez-vous se succèdent, que vous vous débattez courageusement dans votre quotidien pour trouver des solutions, lui, n'ayant pas grand-chose à faire, mijote des coups de pute. Cela génère ainsi dans l'entreprise un bel équilibre : Vous cherchez des solutions, et lui, il crée les problèmes.

N'ayant pas inventé la roue, il semble s'être rattrapé en inventant les bâtons. Facétieux infatigable, il n'a de cesse que de vous en faire profiter en vous faisant perdre du temps pour, ensuite, tenter d'apparaître comme le sauveur. Pourtant, ne vous y fiez pas. Comme le disait notre ami et néanmoins confrère Einstein :

Ce n'est pas avec ceux qui ont créé les problèmes qu'il faut espérer les résoudre.

Dans ce même esprit, vous noterez que le con au bureau – soucieux qu'il est de vous préparer des rentrées en fanfare – marque une affection particulière pour vos périodes de congés lorsqu'il veut mener à bien ses médiocres méfaits. Vos vacances sont pour lui l'occasion rêvée de fouiner dans votre travail et de le désorganiser, de prendre des décisions absurdes qui vous mettent en difficulté, de vous envoyer e-mail sur e-mail à caractère urgent, de confier votre travail à autrui, de vous « forwarder » des trucs parfaitement inutiles pour avis. Étant entendu que votre avis le préoccupe à peu près autant que la saison de reproduction de l'huître. Ce qui me fait penser que si le con n'était pas si con, ce serait un sacré petit farceur. Ce boute-en-train raté, comme on a connu des peintres ratés, est aussi très actif les jours de pont. Ce sont même en quelque sorte ses jours fétiches. Et ce, à un tel point que l'on peut dire, sans mauvais jeu de mots (enfin, si), que les jours de pont le con est sur le pont. Il en profite alors pour faire des balades agréables dans les bureaux désertés, fouiller ici et là, noter qui n'est pas là, en ricanant mauvaisement puisque lui est bien présent (et le fera savoir), persuadé qu'il est de travailler, tout à sa jubilation de faire chemin faisant ses petites crapuleries. Ne pouvant grandir de lui-même, sa survie est dans l'abaissement, CQFD !

Pas de panique cependant, vous n'y pouvez rien. C'est comme cela. C'est atavique. Comme le dit le proverbe concocté pour l'occasion :

Grand ou petit, si le con au bureau rabaisse, c'est pour paraître à la hauteur.

Leçon n° 3

Que faire avec un con au bureau ?

Quand vient la connerie de trop qui fait déborder le vase du supportable – je fais l'hypothèse que vous êtes normalement constitué –, vous ne pouvez que songer à vous doter d'une arme automatique pour réduire ce con en particules élémentaires. Peut-être même vous surprenez-vous à imaginer quelques stratagèmes éminemment fourbes. Vous vous jurez ainsi de mener à bien cette espèce de Blitzkrieg démoniaque et hautement sanguinaire, le genre de guet-apens gore à faire frémir d'angoisse le chevalier Bayard et à terrifier le tueur psychotique de *Scream*.

Apprenez à renoncer à vos fantasmes

Tout cela, évidemment, est très bien, mais – et c'était mon hypothèse de base –, si vous êtes normalement constitué, vous devriez assez vite reconnaître que les fatwas revanchardes et les éradications sanguinolentes, ce n'est quand même pas tout à fait votre truc. Bref, vous n'y arrivez pas ! Dans des termes choisis, je dirais que vous achoppez tel un apostat moyen. Plus précis, je pense que cela s'apparente à une forme évoluée d'apostasie à la connerie. Pas d'inquiétude cependant, à cela rien d'anormal. Après tout, il est même plutôt rassurant de prendre conscience que concocter de pures saloperies à ses collègues demande effectivement des aptitudes particulières cultivées depuis l'enfance. Cela va même plus loin. On peut dire que c'est une sorte de travail à plein temps et qu'il faut, pour y exceller, une mentalité tout à fait spécieuse et des années de pratique qui commencent au bac à sable !

Le con au bureau aujourd'hui, c'est le con au bac à sable d'hier.

De même, c'est déjà lui qui vous poussait pour pouvoir passer le premier sur l'échelle du toboggan. Le même qui passait sa vie à essayer de faire punir les autres à sa place, le même qui dénonçait ses camarades à vau-l'eau pour s'attirer les faveurs des grands. Le même qui versait la salière dans le plat à la cantine ou la mie de pain dans les carafes ! Le con, avant même d'arriver au bureau, et ce n'est pas une surprise, a déjà un casier de la connerie bien chargé. Autre détail, le con est majoritairement autodidacte et se performe tout simplement dans un milieu propice à l'épanouissement de sa connerie :
« Fils de con, dit l'un.
— Oui, papa », répond l'autre.

La relève est assurée. Une fois cela dit, la voie est tracée. Tout au long de sa vie, le con n'aura de cesse que de parfaire son innommable connerie jusqu'à obtenir, alors définitivement perdu au sommet de son art, son bâton de maréchal. Incidemment, c'est la raison pour laquelle l'appellation « con fini », attribuée ici et là, est souvent usurpée. Comme vous le mesurez chaque jour avec l'un ou l'autre con au bureau de votre entourage professionnel, un con au bureau a malheureusement des marges de progression insoupçonnées. Il se peut même qu'il meure parfois assez connement, c'est vous dire s'il était con.

Apprenez à privilégier des actions simples...

En vérité, je vous le dis (oui, il m'arrive aussi de me prendre pour un Autre), réjouissez-vous (exceptionnellement) de cet échec, puisqu'il faut savoir que, pour les cons au bureau, la réussite, c'est précisément l'échec et, pour être tout à fait clair, l'échec des autres. Aussi ne perdez pas bêtement votre temps et votre énergie dans l'inutile. Soyez modeste, la connerie en final c'est, comme je vous le disais, une vraie compétence ! À votre niveau – qui, soit dit en passant, est tout autant le mien –, il est judicieux de ne pas préjuger de vos forces, il faut commencer petit. Rappelez-vous, *small is beautiful*. Ainsi, plutôt que de fantasmer sur des scenarii improbables, je vous recommande de privilégier des actions simples qui s'inscrivent dans le concret. Il ne sert à rien de s'opposer frontalement à la connerie. Comme le disent nos amis chinois, fort nombreux et pas tous cons (certains, par exemple, ne sont pas communistes), vouloir changer le caractère de quelqu'un, c'est comme vouloir détourner un fleuve de ses mains. S'il ne s'agit pas de lire tout Lao-tseu – il ne faudrait quand même pas déconner, ni de vous convertir au taoïsme, ce qui reviendrait au même –, comme dans les arts martiaux, la sagesse recommande que vous utilisiez la force de sa connerie, plutôt que de tenter de la singer au risque de vous démoraliser.

D'un point de vue purement pratique, et pour une mise en jambes progressive, rappelez-vous par exemple que le con a horreur de la mise en lumière de sa médiocrité. C'est donc sur le terrain des luminaires que peuvent se mener vos premiers combats. C'est d'ailleurs à partir de ce constat lumineux que, après investigation poussée et recueil de multiples témoignages, je suis arrivé à cette conclusion étonnante, susceptible de faire progresser la connaissance des cons au bureau :

La lumière est l'ennemie du con !

Cette découverte – qui, j'en conviens, ne bouleversera pas l'histoire mondiale de la connerie au bureau, apporte néanmoins une pierre à son édifice – va pourtant un peu plus loin que ce qu'elle laisse entrevoir au premier abord. Qu'un con ne soit pas une lumière est une évidence, mais que la lumière puisse avoir le même effet sur les cons que sur les vampires est plus surprenant. Pour preuve incontestable et incontestée de ce que j'avance : l'expression « sombre con » ; CQFD !

... et des actions extrêmement concrètes

Bien que la sagesse jésuite invite dès le plus jeune âge à « être un cadavre entre les mains de ses supérieurs », cela n'a jamais empêché de faisander sa vie. Pour cela et pour plein d'autres raisons, si le con au bureau exècre les copies pour information de ses exactions à ses supérieurs, n'hésitez pas, lorsque l'occasion se présente, à vous faire ce petit plaisir en toute simplicité.

Pour lutter efficacement contre la connerie, rien de mieux, en effet, que de lui faire honneur et de mettre celle-ci sous le feu des projecteurs ! Vous transformerez ainsi votre quotidien en un perpétuel et joyeux feu d'artifice. Je peux vous certifier alors que vous verrez progressivement et avec bénéfice arriver ses coups les plus tordus avec un sourire que vous pensiez avoir définitivement perdu. Comme l'enfant qui écrit au Père Noël, vous serez tout à votre hâte de lui répondre pour assurer son rayonnement. Il va de soi que vous choisirez habilement les quelques élus qui profiteront de ses meilleures perles. Vous verrez, il se peut même que, par vent favorable, vous puissiez entendre venant des autres étages les exclamations douces de ses supérieurs découvrant grâce à vous ses méfaits : « Putain, mais c'est pas vrai d'être aussi con ! » Attention, soyez conscient qu'au début, loin d'apprécier votre facette cabotine, le vrai con au bureau viendra se plaindre ouvertement de votre façon de faire et s'offusquera de vos méthodes. Mais s'il joue la victime, alors c'est très bon signe, c'est même presque gagné, vous avez réussi à votre tour à le faire chier. Qui plus est, parce qu'il est con, il vous le dit.

Monsieur (ou madame) craint les chatouilles, les gouzis-gouzis, qu'à cela ne tienne, faites vôtre mon conseil : Remettez-en une couche !

Leçon n° 4
Exercices pratiques

Comme je le suggérais plus en amont (en mentionnant, par exemple, l'usage imbécile qui peut être fait des e-mails), les technologies de l'information ont également révolutionné le petit monde de la connerie au bureau. Le con au bureau a su intégrer ces changements avec pertinence (je n'ose pas ici utiliser le terme impropre d'intelligence) pour essaimer sa connerie, pensant que TIC signifiait « technologies de l'information à usage des cons » !

Comment « accueillir » la connerie d'un con au bureau

Le plus souvent, le con au bureau est passé maître dans l'art des copies pour information, des *blind copies*, et des e-mails bien pourris (pourriels comme le diraient nos amis de la Belle Province). Ses envois répondent à une pratique et à un rituel très particuliers. C'est ce côté obsessionnel – là encore, j'y reviendrai dans la leçon n° 7 – qui explique que l'e-mail du con au bureau vous tombe dessus à la sortie du week-end, histoire de vous miner le lundi, ou bien quand vous êtes en vacances, ou encore (son « spécial » comme on dit au judo) le vendredi à 20 heures, histoire de vous pourrir votre samedi-dimanche, à moins que, par une savante anticipation, il ne réussisse à vous pourrir n'importe quel autre jour de la semaine. (À cet effet, on peut repérer que le con au bureau favorise également les réunions à 19 heures le vendredi soir puisque, à l'évidence, ça emmerde tout le monde, et « emmerder le monde », rappelez-vous, c'est quand même son truc numéro un, et même, sa vocation sur terre.)

Pour ce qui est du contenu, vous noterez que le « pourriel » du con au bureau est, de façon générale, assez basique pour ne pas dire grossier. Il va droit au but, l'intentionnalité n'est même pas masquée par un excès de subtilité : l'e-mail est envoyé brut de décoffrage. *Pour vous faire chier* pourrait être sa signature, s'il ne signait de son nom, ce qui revient au même. Souvent, d'ailleurs, il préfère faire envoyer ses e-mails personnels par son assistant(e), ce qui suggère plusieurs interprétations : soit il ne sait pas taper, soit il juge que faire quelque chose de lui-même est une besogne trop basse… Personnellement, je penche pour une troisième interprétation : le con au bureau pense tout bonnement que ça fait bien, que ça pose son homme, c'est vous dire s'il est con.

Vous bouillez, vous tempêtez, votre pression artérielle augmente (ce que prouvent les observations, que celles-ci soient empiriques ou scientifiques), votre cerveau produit des images de *snuff movies* que la morale réprouve… Aussi, et bien que vous sachiez depuis la lecture de la leçon n° 3 que vous devez renoncer à vos fantasmes de destruction massive, avez-vous le plus grand mal à vous calmer. Un bon dérivatif est de faire lire ces e-mails pouraves à des collègues proches, histoire de vous convaincre pleinement de la réalité de cette hallucination. Autre dérivatif, vous appelez votre conjoint et, ensemble, vous cherchez le qualificatif adéquat puisque, comme le remarque fort à propos Jean Rigade :

> « *Con* » *exige un adjectif qui l'accompagne. Le vrai con, le sale con, le petit con, le pauvre con, etc. Sinon ça ne veut rien dire.*

Lorsque vous vous accordez enfin sur le qualificatif – *l'e-mail de ce sale con* –, dites-vous qu'une étape est franchie. Ne baissez pas la garde pour autant et préparez-vous à passer à la phase deux. Celle-ci est fondamentale puisqu'elle consiste, ni plus ni moins, à « vous faire ce con ». Qu'importe si certains préfèrent utiliser l'expression « se farcir ce con » qui a le mérite d'être plus visuelle tout en rappelant insidieusement que le dernier truc farçi que l'on se soit fait, c'était un chapon ; ce qui est sûr, c'est qu'il faut y aller. Même s'il est tentant de reprendre pied dans ce fantasme culinaire, de rêver éliminer le duvet du con au chalumeau, puis de s'attaquer à l'os du bréchet pour une meilleure découpe avant de le faire cuire en écoutant les graisses bouillonner entre la peau et la chair pendant la cuisson... Comme quoi, et comme vous l'avez sûrement expérimenté, ce n'est pas parce qu'on ne veut pas fantasmer qu'on ne fantasme pas.

La souris, le clavier, vos doigts vous démangent, vous faites un premier e-mail rageur. En règle générale, ce premier jet est truffé de points d'exclamation exaspérés, et il pourrait fort bien être rédigé en rouge ou se réduire à deux mots-clés : GROS CONNARD. Vous êtes prêt à cliquer sur « envoi »... C'est là que votre conscience doit vous rattraper avant qu'il ne soit trop tard. « Du calme, du calme, implore-t-elle. Ressaisis-toi ! » exhorte-t-elle. Car si, au-delà d'une colère justifiée, répondre à un con au bureau est un acte subtil, répondre à un con au bureau ne tolère jamais l'urgence. Comme l'acte d'amour, c'est un acte de détestation qui est à peaufiner. Un con, ça ne se bâcle pas, un con, ça se soigne. Et puis, pendant que vous vous agitez, le con, lui, tout à sa jubilation, attend impatiemment votre réponse, planqué derrière son petit ordinateur, engoncé dans sa petite chaise, face à son petit bureau, frottant ses petites mains, scrutant avec ses petits yeux sa petite boîte aux lettres de son petit ordinateur. Et on recommence, comme il y a eu le Petit Chose, vous aurez ici reconnu la description du... petit con.

Passé votre courroux, après avoir soufflé un bon coup et imprimé l'e-mail (l'idée de pouvoir un jour l'emmener boire un café ou, plutôt, la tasse aux prud'hommes – à moins que vous ne répondiez du tribunal administratif – peut aussi faire office de calmant), la première et délicieuse façon de vous venger, c'est de ne pas lui répondre tout de suite. Vade retro réponse immédiate ! Bien au contraire, même si c'est difficile, apprenez à cultiver l'art de la patience. Occupez-vous, distrayez-vous, pensez à autre chose. Ainsi, pourquoi ne pas saisir cette opportunité pour relire « Le lion et le rat » :

Patience et longueur de temps
Font plus que force ni que rage.

Si nous écoutons le maître, ici La Fontaine, le stress va investir le camp ennemi. À e-mail pourri, e-mail pourri et demi ! Expérimentez ainsi cet art jubilatoire qu'est l'e-mail posttraumatique ! Pour lui renvoyer insidieusement par votre inaction la saloperie qu'il a mis tant de temps à vous servir, réjouissez-vous de chaque seconde qui passe.

Imaginez-le, fébrile et démuni. Imaginez ce qu'il convient d'appeler sa tête de con identique à un artificier aux prises avec des pétards mouillés un jour de 14 Juillet ! S'il est très très con, après une heure ou deux, il est fort probable qu'il renvoie le même message avec un accusé de réception, pour être bien sûr du bon acheminement de sa connerie ! Message que vous prendrez soin de ne pas ouvrir.

Enfin, passé un laps de temps raisonnable, une journée étant un minimum pour une bonne marinade du con au bureau, passez à la phase deux et répondez. Question alors essentielle que vous vous posiez jusqu'alors : « Que répondre à un tissu de conneries qui pue le traquenard ? » Puisque, ne nous y trompons pas, cela représente 99,9 % des e-mails d'un con de cet acabit, les 0,1 % restant étant des e-mails vides, envoyés par erreur.

La naïveté feinte est alors l'attitude la plus adéquate. C'est un art qui se situe à mi-distance entre l'adepte de Confucius et le sniper serbe.

C'est un art noble qui, dès lors qu'il est maîtrisé, le plongera dans une fureur rare. En effet, il aura beau montrer en éructant votre message à ses plus fidèles *collabo-rateurs*, hurler au foutage de gueule ou au crime de lèse-majesté, rien n'y fera, rien ne sera prouvable. En un mot et en un seul : il sera baisé ! Si j'osais (prétérition), il eut fallu lire, ci-dessus, *crime de baise-majesté*.

Comment répondre à un vrai con au bureau

On discute, on discute, mais le moment est venu d'une démonstration en bonne et due forme : face à son ton péremptoire et grossier, ce que résume de façon synthétique son approche intellectuelle de l'e-mail, cultivez l'art de la courtoisie pincée, attaquez par exemple par un : « Je vous (te) remercie sincèrement... » Traduisez : « Je t'emmerde à un tel point que cela te donnerait une idée de l'infini. » Poursuivez par un zeste de perfidie : « ... pour ces remarques pertinentes et réfléchies... » Traduisez : « ... pour le déballage risible de ta connerie... » Ajoutez un chouia et réjouissif : « Je ne manquerai pas, sous réserve de leur applicabilité, de tenir compte de ces remarques. » Traduisez : « J'en parlerais éventuellement à mon chien si j'en avais un. » Puis concluez en apothéose : « Je me permets de faire suivre ce message aux personnes qui pourraient être intéressées par vos (tes) remarques toujours aussi éclairées. » Traduisez : « Si je peux faire marrer d'autres gus, autant pas s'gêner, ça leur fera toujours leur journée. »

Cet exemple fort simple, à la portée de tout un chacun et exploitable au bas mot une fois par semaine, révèle une fameuse règle que désormais vous ne pourrez plus ignorer. Cette règle, je l'ai appelée la règle du « 3 en 1 spécial con au bureau ».

1. Se foutre de lui ni vu ni connu (sauf par lui).
2. Ne pas faire ce qu'il demande.
3. Protéger l'organisation (ce qui n'est pas gagné) de chacune de ses nouvelles saloperies.

Leçon n° 5

Les différents modèles de cons de bureau

Si, pour être efficace dans votre chasse au con de bureau, vous devez, comme je vous l'ai dit, apprendre à renoncer à vos fantasmes de vengeance les plus vils, et préférer des actions simples et concrètes, il n'en demeure pas moins que, pour être véritablement efficace, mieux vaut encore connaître à quel type de con au bureau vous avez affaire.

En effet, parce que au royaume des cons au bureau les aveugles ne sont ni borgnes ni rois puisque avant tout ils sont cons, CQFD. Des catégories et même des sous-catégories peuvent être distinguées. Si tous les modèles existent en série, certains sont plus ou moins sophistiqués et proposent plus ou moins d'options. Connaître son modèle permet d'apporter les éléments adéquats à son maniement puisque, et c'est une bonne nouvelle, la connerie au bureau, au-delà de se subir, se gère également. Il va donc être important, dans une phase d'approche, puisque l'acquisition se fait sans vendeur, de situer votre con sur une échelle de la connerie.

Comme j'évoquais, au début de ce manuel, l'attitude de grande vigilance à adopter face au con au bureau (qui, soit dit en passant, constitue déjà une sous-espèce de l'espèce des cons), je ne vous surprendrai pas en vous disant que cette prudence va de pair avec un approfondissement substantiel de votre connaissance du con. Car un con, voyez-vous, cela s'étudie, cela s'observe avec les difficultés inhérentes à sa mobilité. Comme vous, je préférerais le con au bureau modèle dans-le-formol à usage de dissection. Seulement voilà, la réalité est autre. Le con au bureau est très mobile (il est souvent dans l'ascenseur) et, qui plus est, s'il fallait lui attribuer une qualité, dans le domaine de la connerie, c'est un créatif inépuisable. D'aucuns disent qu'il a la « connerie surprenante ». Ces caractéristiques imposent donc des observations in situ, au plus proche de l'animal, qui permettent de dégager de façon très régulière de nouvelles pistes. Le con au boulot, qu'on se le dise, est un vrai sujet de recherche appliquée.

Alors, osons dépasser les qualificatifs qui, selon notre humeur, font de nos sujets d'observation des cons au bureau qui peuvent être « vieux », « sales », « gros », « vicieux », « petits », « pauvres », « sacrés », « putains de cons »... et préférons la rigueur de la science pour tenter d'établir une typologie des cons au bureau.

Le con n + 1, modèle standard

Parmi cette espèce honnie des cons au bureau, il en est une dont le modèle standard mériterait à lui seul d'être déposé au pavillon de

Breteuil comme *maître étalon de la connerie au travail* – les plus dangereux de la bande –, qui, de par son nombre et ses méfaits, tient le pompon de la connerie. Il s'agit des cons n + 1. Race autoproclamée supérieure, s'il eut existé des races, ce type de con au bureau est issu d'une espèce de discrimination négative obscure. Quel miracle l'a placé là ? À vrai dire, mystère et boule de gomme. Nul ne le sait, et il est inutile de chercher l'origine de cette abomination, sauf pour vous faire mal puisque c'est tout sauf rationnel, et puis, de toutes les façons, jamais personne ne vous l'avouera. Admettez donc tout bonnement que, régulièrement, et contrairement au lâcher de vipères, qui, lui, a l'avantage de n'avoir jamais existé, le lâché de cons dans les bureaux est une pratique courante, vraisemblablement ancestrale, et qui demeure mystérieuse.

Le con au bureau, modèle standard donc, *i.e.* le n + 1, n'a qu'un fantasme, celui d'avoir un pouvoir de vie et de mort sur ses subordonnés. La plupart du temps et dans la plupart des structures, rassurez-vous, ce con n'a pas ce pouvoir, mais sa propension à terroriser son entourage donnerait au plus anarchiste d'entre vous l'envie d'adhérer concomitamment à quatre ou cinq syndicats.

Pendant qu'il vitupère, qu'il menace à tour de bras, qu'il monte des dossiers sans jamais vous en parler ni même penser à vous recevoir pour connaître votre version des faits, il est important de toujours garder à l'esprit que ce......................[1]

1. Placer ici l'adjectif qui vous amuse.

con ne répond pas seulement au principe de Peter[1]. Cette croyance fort répandue est une hérésie très réductrice, une inexactitude historique ! Je ne conteste pas qu'il réponde de ce principe, ce que je dis, c'est que cela va bien au-delà. Je postule, en effet, que le con au bureau en est l'incarnation et, pourquoi minimiser mon discours, qu'il en est même le prophète !

Dès lors, et à partir de ce constat, peut-on en conscience lui en vouloir d'être aussi con ? La réponse est oui ! – on ne va tout de même pas flancher maintenant. Le con au bureau, et tout particulièrement le con n + 1, est un nuisible, et son incompétence notoire l'amène nécessairement à toutes les injustices !

Le con n + 1, modèle standard toujours, dans son rapport à ses subordonnés

Observez le con n + 1, modèle standard, évoluer dans son élément. Qu'apprenez-vous ? Hormis son bureau, qu'il souhaite plus grand que les autres avec une fenêtre qui s'ouvre, le con hiérarchique dispose tout d'abord d'une ribambelle de courtisans affables qui ont une fâcheuse tendance à l'appeler « Chef » à longueur de temps. « Bonjour, Chef ! » ; « Oui Chef ! » ; « Bien Chef ! » ; « Ça va, Chef ? » ; « Un café Chef ? » ; « Le chef a dit… ». Voyez-vous de qui je parle ? Vous y êtes ! Admettez qu'il est impossible de préserver ses oreilles de ces « chefs à tout va » dégoulinants. Vous l'avez compris avant même de le lire, cette

1. Principe de Peter : dans une hiérarchie, tout employé a tendance à s'élever à son niveau d'incompétence.

comédie humaine de soumission affichée est supposée apporter les bonnes grâces du « Chef » précisément. Les plus flagorneurs n'hésitant pas à marquer les grandes dates du chef – anniversaire et fête – et à les accompagner de petits présents. Et le pire, c'est que ça marche !

Bien sûr, quand lui dire ne serait-ce que « bonjour » est déjà un supplice, appeler ce con « Chef » et faire des ronds de jambe s'inscrit clairement hors de votre champ du possible. Je le comprends ; et ce d'autant plus que, élevé dans les bas-fonds de la grossièreté, le con n + 1 juge, pour ce qui le concerne, très normal de vous répondre de façon parfaitement aléatoire. Cependant, tout en méprisant à loisir vos collègues qui se complaisent dans cette flagornerie navrante, vous constatez, au jour le jour, avec effroi, les bénéfices évidents de cette petite lâcheté : leur vie semble moins complexe et plus enviable que la vôtre au sein de l'entreprise.

J'imagine sans peine vos questionnements existentiels : sont-ils tous cons ? Seriez-vous donc le seul ou la seule à avoir tort ? Votre aversion contre la connerie vous nuirait-elle ? Est-ce à dire qu'il vous faudra souscrire à cet avilissement ? Est-ce que serpillière est vraiment un métier d'avenir ? Le con aurait-il gagné la partie ?

Allons, allons, il n'est nullement question de capituler en si bon chemin. Si le combat est rude cela veut dire qu'il est intéressant à mener, sinon ce serait beaucoup moins drôle. Le combat est rude, précisément parce que l'adversaire est, comme on a coutume de le dire, rudement con. Aussi gardez espoir et surtout courage, songez qu'il a toute l'Église contre lui, dont son chef.

Oui, vous avez bien lu, Dieu lui-même est certainement sur le coup et à ses trousses. Combien de fois à son encontre ne l'a-t-on pas dénoncé : « Dieu ! mais qu'il est con ! » ; « Nom de Dieu, mais c'est pas vrai, un con pareil… » Si l'Autre existe et a une ouïe convenable, il finira bien par avoir les oreilles qui sifflent et devra tenir compte de ces alertes quotidiennes. En attendant, prions.

Pour les non-croyants et autres agnostiques que n'aurait pas convaincu cet argument massue, c'est le moment où, à la lecture de ce livre, vous devez in petto vous convertir au catholicisme. Alors sera venu pour nous le moment de déclamer ensemble l'appel universel :

Père, ne pardonne pas à ces cons au bureau – tu sais, surtout les standards, les n + 1 –, ils savent pertinemment ce qu'ils font. P-S. File-leur plutôt une bonne raclée bien méritée !
Enfin, concernant....................[1]*, sache qu'il est vraiment très con et que tu peux y aller franco. N'hésite donc pas à te faire plaisir, et même super plaisir.*

Cela étant dit, pendant que l'Autre se charge peut-être du sort de ce con, il ne faut pas hésiter à lui donner un petit coup de main. Après tout, cela relève tout bonnement du principe de précaution au cas où Pascal se serait planté.

Alors, pour agir bien, récapitulons. Le con ne vous aime pas, comment le pourrait-il ? (Et vous le lui rendez bien, mais là n'est pas le sujet.)

1. Dans ce moment de communion, chacun est appelé à mettre le nom de son con n + 1 préféré.

Comment vous aimerait-il, vous qui avez osé sortir du rang ? Vous, l'ilote récalcitrant ; ourdissez-vous de sombres desseins pour prendre sa place ? Avez-vous connu des réussites ? Êtes-vous apprécié par vos collaborateurs ? Êtes-vous mince alors qu'il est gros ? Gros alors qu'il est mince ? Avez-vous osé lui tenir tête ? Plus infâme encore : vous n'êtes pas con ! Alors là, tout est dit, c'est amplement suffisant pour vous rendre à ses yeux hautement et pleinement détestable. Pour faire court, le con vous suspecte et se méfie. De fait, fort logiquement, vous ayant pris en grippe, il n'aura de cesse que d'essayer de vous imposer différents exercices de soumission. Il exercera son petit pouvoir. Voire, à renfort de coups tordus, il tentera de vous envoyer dans le mur au mépris de l'intérêt collectif. Voyez-vous, comme le disait San-Antonio :

L'échec, c'est la réussite du con[1].

Teigneux, revêche, il s'inspire du modèle pitbull croisé rottweiler sans la muselière. Il ne lâche pas l'affaire, il travaille à l'usure. C'est d'ailleurs un point très important sur lequel j'attire votre attention, dans la mesure où le con au bureau, par ce comportement atypique, a remis très fortement en cause le principe démontré par Ivan Petrovitch Pavlov. Si Pavlov a développé la théorie selon laquelle les réactions acquises par apprentissage et habitude deviennent des réflexes lorsque le cerveau fait le lien entre le stimulus et l'action qui suit, le con n + 1, bizar-

1. San-Antonio, *Les Cons*, Fleuve noir, Paris, 2004.

rement, ne fait aucun lien. À lui tout seul, il met tout par terre de la théorie de Pavlov.

Vous n'avez donc d'autre choix que de vous habituer à le renvoyer à la niche régulièrement et sans ménagement, sans grand espoir qu'il comprenne un jour le lien stimulus-réponse : Fait chier = coup de pied.

À moins que – c'est là une hypothèse osée – le con au bureau aime les coups de pied ; mais ça, Pavlov est mort sans le préciser.

Réfractaire à la théorie de l'éminent physiologiste et médecin russe, le con n + 1 va donc, dans un premier temps (et de façon régulière), tester vos limites. L'idée pour lui étant de vous pousser à bout ! Vous êtes prévenu ! Pour mener à bien sa stratégie à la con, il se sera renseigné sur vous (ce qui, je le note, pour un con, n'est pas si con). Il va alors vous épier, être à l'affût d'un signe de faiblesse, puis, au moment qu'il jugera opportun, il plantera ses crocs dans la chair fraîche de votre insouciance. Soyez prévenu aussi que la plupart du temps le con n + 1 standard n'ira pas à la confrontation directe, préférant largement les coups bas, les coups dans le dos, les peaux de banane, la rumeur, les « on m'a dit que » mielleux et sirupeux. C'est simple, s'il y avait des shipchandlers du coup de pute, il ouvrirait une franchise.

Les deux grandes familles de cons au bureau

Si les deux familles brillent au firmament de l'incompétence et constituent des astres permanents que les érudits définiraient comme points de repère immuables de la connerie, il est important de distinguer, tout comme dans les royautés étincelantes et dégénérées, deux grandes lignées de cons que j'appellerai ici « familles ». Pour faire simple, d'un côté, on trouve les cons plutôt gentils, les braves cons, de l'autre, les cons plutôt méchants. Souvent confronté et de façon quotidienne aux deux familles, chacun a pu tirer de ses observations anthropologiques in situ une leçon d'importance : il semble, à ce qu'on dit, que le con gentil, bien que cousin germain du con méchant, soit beaucoup plus inconscient de sa connerie. Ce qui, même si cela ne l'exonère pas de sa responsabilité, le différencie du con méchant, très proche, lui, du parfait connard.

Le con au bureau gentil

Le con au bureau gentil entre dans la catégorie appelée aussi « imbécile heureux ». On pourrait même dire que le con gentil renvoie chacun et chacune à une attitude presque paternaliste. Le con gentil peut être ainsi attendrissant, et ce d'autant plus que chacun d'entre nous le sait bien : il vaut mieux « subir » un con gentil qu'un con méchant. Le con gentil a cette excuse de ne jamais le faire exprès. Chacun de ses actes, qui pourrait paraître fourbe ou mesquin pour un non-initié, est commis sans aucune arrière-pensée : il « n'a pas vu », « ne sait pas », « se trompe », « oublie », « décale », « annule », met ainsi régulièrement tout le monde et vous-même dans une belle panade… mais inutile de lui en vouloir, il saura s'excuser et même se confondre en excuses. C'est une sorte de caricature réussie d'incompétence, mais il est mignon, il fleure bon les souvenirs d'enfance, c'est un peu comme avoir son Oui-Oui au bureau, et s'attendre à tout moment à voir débarquer Potiron. Au final, comme on ferait du social, voire de l'humanitaire, chacun s'emploie à couvrir ses nouvelles bévues en pensant : « Le pauvre... Ah lalalalalala, il ne nous l'avait pas encore faite, celle-là ! » Pour tout cela, je suggère que les cons gentils figurent, au même titre que les ours slovènes des Pyrénées, au rang des espèces protégées. Car ne nous y trompons pas, si un con au bureau gentil demande beaucoup d'énergie à l'organisation, cela vaut toujours mieux que le plus gentil des cons méchants. Il est donc important, dès lors, d'organiser au mieux la protection du con au bureau gentil, quitte même, dans certains cas, à le protéger du con méchant, qui, vous vous en doutez, n'en ferait qu'une bouchée.

Le con au bureau méchant

Ne vous y fiez pas et, surtout, ne copinez jamais avec lui : le con au bureau méchant n'a rien d'un agneau des Pyrénées (celui qui se fera bouffer par les ours slovènes). Il se situe à mi-chemin entre le kapo et le serpent. Pour rappel, voici l'histoire du serpent et du renard, histoire justement de vous rappeler les choses comme elles sont et non comme vous aimeriez qu'elles soient.

Il était une fois un gentil renard et un serpent qui vivaient dans le désert. Chaque matin, à l'heure où les braves gens s'éveillent, le renard

en quête de gibier passait devant le serpent... Et chaque matin, comme à son habitude, le renard saluait le serpent d'un sonore : « Bonjour Chef ». Jour après jour, semaine après semaine, mois après mois, année après année, en passant devant le serpent, le renard n'oubliait jamais de saluer le serpent de son fameux : « Bonjour Chef ». Un beau jour, le serpent interpella le renard, alors que ce dernier venait de le saluer du sempiternel : « Bonjour Chef » et poursuivait sa route en sifflotant (dans ce désert les renards sifflotent, NDA). Le serpent lui demanda :
« Eh, renard !
— Oui, Chef.
— C'est quoi cette histoire de chef ?
— Quelle histoire de chef, Chef ?
— Ne fais pas le malin avec moi !
— Je ne fais pas le malin, Chef.
— Arrête avec ça, tu passes, tu me dis "Bonjour, Chef" tous les matins...
— C'est sûr Chef.
— Pourquoi tu m'appelles Chef ?
— C'est simple Chef, tu as une langue fourchue, tu rampes, tu n'as pas de c..., t'es un chef quoi ![1] »

Le lecteur appréciera la juste portée philosophique de ce conte des sables.

Garde-chiourme de première, fidèle à sa hiérarchie, le con au bureau méchant est d'une couardise et déférence envers ses supérieurs qui confèrent au génie ; et lâche envers ses inférieurs

1. Source : « Internet at Large ». http://444719.skynetblogs.be. Adaptation : Tonvoisin Debureau.

qu'il méprise et ne manque jamais d'humilier dès que l'occasion se présente. Ajoutons, enfin, que le con méchant de série n'est en final peut-être pas aussi dangereux que cela, en ce sens que sa connerie est unanimement reconnue. Certes, il est mauvais comme la gale, mais de façon assez équitable. C'est le modèle classique du porte-serviette limité qui a gravi les échelons à l'ancienneté de ses méfaits. Il est sur le dos de tout le monde à longueur de temps. Et, naturellement, tout le monde en a plein le dos. Mais, parce que qui trop embrasse mal étreint, procédant par roulement, le con méchant standard a une fâcheuse tendance à se disperser, générant chez son public un certain fatalisme. Aussi, au final, ses misérables actions n'affectent-elles plus toujours beaucoup de monde. C'est un fatigant prévisible assez bas de gamme, mais qui a son petit succès dès lors que vous êtes un peu fragilisé. Le con méchant, même standard, oblige donc à ne jamais dormir que d'un œil sur son lieu de travail, car, qu'il vente ou qu'il pleuve, il reste avant tout un nuisible.

Le con au bureau méchant et psychopathe

Au-delà, du con au bureau méchant, il y a le con au bureau méchant et psychopathe. Si le premier fonctionne exclusivement aux antidépresseurs, le second fonctionne à l'hémoglobine. Autant le dire tout de go, c'est un con qui pollue énormément ; il est donc très mauvais pour son environnement. Aussi doit-il être envoyé sans négociation ni préavis à la casse. Car ne vous bercez pas d'illusions, ne comptez pas le changer. Inutile en effet de nourrir de faux espoirs, oubliez immédiatement vos derniers relents d'humanisme, et ce quel que soit son âge. Comme nous le rappelle avec sagesse Jean Dion :

> *La différence essentielle entre un jeune con et un vieux con réside dans le temps qu'il leur reste à être con.*

Le con méchant et psychopathe, lui, est très simple à reconnaître. C'est le con qui, clairement, pour une raison pas toujours bien identifiée, vous a pris pour cible. Pour revenir à une approche rationnelle du psychopathe en col blanc, revenons à la définition : « La psychopathie est un processus déviant du développement, qui se traduit par un trouble fonctionnel de la personnalité, caractérisé notamment par un excès d'agressivité pulsionnelle et une incapacité à nouer des relations d'objet. » Bon, ensuite, il y a toutes les variantes.

Ce type de con au bureau est tout à fait intéressant pour notre science en devenir (mais on n'est pas inquiet, quelque chose me dit qu'elle a de beaux jours devant elle) car, à la différence du con méchant standard, il s'affiche dans l'excès. De lui, on peut dire que c'est un *con-pulsif* qui excelle dans des approches *one-to-one* poussées qui ridiculiseraient les techniques de marketing direct les plus avancées. En quelque sorte, il est à la connerie au bureau ce qu'est la crème Chantilly à un banana split pour un obèse : pas du tout indispensable. Lorsqu'on le croise, le seul mot qui puisse venir à l'esprit d'un être humain, c'est ÉRADICATION (prononcez : dératisation). Bref, il est la connerie incarnée dans sa démesure la plus totale. De plus, sans qu'il ne s'en aperçoive lui-même (il est vraiment très con), ses excès répétés le mettent en danger, ce dont, clairement, à vrai dire, tout le monde se moque.

Pour dire les choses sans détour, excepté un coup de boule, rien n'arrête ce grand malade de la connerie.

Ses méthodes sont visqueuses quoique s'inscrivant dans une longue tradition d'acharnement : vous disqualifier, vous harceler au quotidien à peu près dans tous les domaines sur lesquels il a autorité sur vous, vous humilier... tout cela, c'est sa raison de vivre. Le con au bureau méchant et psychopathe ratisse ainsi au plus large dans les méthodes d'avilissement.

Pas de chance pour vous, vous êtes son obsession. Pourquoi ? C'est la première question que se pose tout harcelé. Et même si j'énonce différentes raisons, vous devez avant tout savoir qu'elles ne sont pas raisonnables puisque l'inacceptable n'est pas à accepter. Parmi les explications qui peuvent être données (j'y reviendrai ci-dessous, toujours dans cette fameuse leçon n° 7 ; patience, cela se rapproche) : vous lui faites de l'ombre ; vous ne semblez pas reconnaître sa magnificence ; vous avez refusé ses avances (je suis très sérieux, cela a presque toujours à voir ; même si, j'en conviens, c'est pour une grande part inconscient chez lui ou chez elle, que cette attirance soit hétérosexuelle ou homosexuelle, que le monsieur ou la dame soit de l'un ou de l'autre bord) ; vous semblez ne pas le craindre... Autant de choses que le con au bureau psychopathe ne peut que prendre en grippe.

De façon plus anecdotique, ce type de con au bureau brille par une absence de savoir-vivre qui, au sens premier du terme, fait redécouvrir l'âge des cavernes. À comparer, nous disait un jour une victime parlant de son con de compagnie, *Cro-Magnon, c'était un nain*.

Se pensant autre, ce con au bureau s'est fait du mépris un habit de tous les jours. Visiblement non informé des règles d'usage face à une porte, il peut entrer sans frapper dans votre bureau (j'en reparlerai parce que c'est là un signe fort de la connerie). Ayant certainement perdu son téléphone, il utilise le vôtre. Ignorant du travail en équipe pour le reste, il s'attribue votre travail ou, selon son humeur versatile, le disqualifie et vous déjuge. Et surtout, chaque année, il prend un malin plaisir à vous évaluer de façon nauséabonde. Ce rituel correspond chez le con au bureau à une sorte d'orgasme interne qu'il est difficile de comprendre pour le commun des mortels, le con ayant aussi ses mystères physiologiques – sauf à dire que le *con jouit*, mais là, c'est une autre histoire. Nous noterons que c'est souvent à cette occasion que ce con donne réellement toute sa mesure ; on peut dire alors, parce qu'il donne en cette occasion le meilleur de lui-même, qu'il tourne à plein régime.

Pourtant, plutôt que d'être affecté par ses commentaires navrants, venant de ce sous-rien, vous devez comprendre que ses évaluations sont révélatrices d'un symptôme tout à fait remarquable, puisqu'il vous accuse généralement de tout ce qui fait sa belle médiocrité au quotidien. Cela s'appelle un transfert. Dit autrement encore, à cette occasion, il ne montre jamais autant de lui-même que ce qu'il veut vous cacher.

Bien sûr, mieux comprendre son système de fonctionnement ne vous soulage en rien de votre souffrance. Comme dirait l'autre, cela vous fait une belle jambe. C'est pour cela qu'il vous faudra être incisif et apprendre à répondre à chacune de ses attaques de façon circonstanciée. Je sais, c'est pénible, humiliant. Mais, face à la connerie abyssale, il faut parfois accepter de se mettre en apnée.

Leçon n° 6
Tableau clinique du con au bureau

Que le con au bureau soit une infection ne doit pas nous faire oublier la kyrielle d'infections dont il souffre. Que les choses soient claires, le con au bureau est un grand malade. Cela ne fait pas de lui un cas désespéré, mais un cas désespérant, tant et si bien que la médecine – et vous en conviendrez – ne s'en ait jamais réellement préoccupé. Selon les psychiatres, enclins pourtant à s'intéresser aux causes perdues d'avance, le con au bureau, loin d'agonir sur le lieu de travail, se sentirait très bien comme il est. De fait, il se pense dispensé d'avoir à être traité. Cette analyse expliquerait l'inefficacité absolue de phrases que l'on peut entendre ici ou là lors de ses crises : « Tu devrais te faire soigner » ; « Vous avez besoin d'un psychiatre, mon vieux… » Clairement, le con au bureau n'en voit aucunement l'intérêt, ignorant qu'il est de la situation catastrophique de son état clinique. Parce que c'est triste, son entourage le plaint alors avec beaucoup de sincérité en l'appelant affectueusement « pauvre con ».

La titrite du bulbe rachidien

Le vrai con au bureau a une certaine propension à marcher sur coussins d'air au sens littéral du terme. Monté en apesanteur, c'est même un véritable hydroglisseur. La *titrite du bulbe rachidien*, autrement mal nommée *tumeur maligne*, perturbe gravement son fonctionnement neuronal. Par souci de clarté pour le lecteur et par respect pour la *tumeur maligne*, j'ai préféré la nommer *tumeur conne*. Parce que le titre de sa fonction dans l'entreprise lui a littéralement enflé le cerveau, et comme certains font des embolies pulmonaires, le con au bureau, lui, risque ce que je pourrais appeler l'embolie cérébrale. Bien que certains situent cela beaucoup plus bas, en disant, il est vrai un peu crûment, qu'il pète plus haut que son cul.

Réunionite aiguë

Briefing, debriefing, contre-briefing, underbriefing, le con au bureau, et tout particulièrement le con n + 1, a la *réunionite aiguë*. Chez lui, c'est maladif. Au-delà de sa fameuse réunion hebdomadaire du jeudi matin qui lui donne un sentiment de contrôle en faisant perdre du temps à tout le monde, quand il ne questionne pas connement l'agenda de chacun, il impose ici et là d'autres réunions comme il irait aux toilettes, un peu quand ça lui prend, excepté qu'il ne vous est pas donné le plaisir ultime de tirer la chasse d'eau. La réunion lui permet de trôner (sans jeu de mots fâcheux) et de faire son très fameux et très risible tour de table ! De rappeler que c'est lui le chef : « C'est moi qui organise les réunions, nanananananère », de le prouver en arrivant de manière quasi obsessionnelle avec dix minutes de retard lorsqu'il est en avance (dans les cas les plus extrêmes, on nous a rapporté que le con au bureau pouvait organiser des réunions où il ne vient pas) et, surtout, de pratiquer son sport favori : l'humiliation ou la disqualification en public, y compris de ses propres chefs (évidemment absents alors).

Rappelez-vous que sans aucune autorité de compétence, le malheureux est limité à une lamentable et triste autorité de contrôle. L'objet des réunions s'en ressent : vérifier la bonne mise en place de ses projets les plus vaseux, pharaoniques d'inepties, sur lesquels chacun est invité à travailler dans le cadre d'une contribution à sa médiocre gloire. D'où cette fameuse expression qui devrait être inscrite au fronton de beaucoup d'entreprises : Gloire au con !

Comme vous l'avez noté, avec j'en suis sûr beaucoup de perspicacité, je dis « beaucoup d'entreprises » et non pas « toutes les entreprises », car je ne doute pas qu'il puisse exister ici ou là une ou deux belles exceptions – des entreprises qui, en quelque sorte, bénies des dieux, seraient passées entre *l'égout* des cons au bureau.

Pour revenir à ces réunions, celles-ci sont aussi le moment où il pique de petites colères navrantes mais hautement risibles. Monsieur (ou madame) trépigne, vocifère, bave, menace, tape de son petit poing sur la table. Puisque, bien entendu : « Rien ne va » (là, c'est son impuissance) ; « C'est le bordel » (là, c'est son fantasme) ; « Tout fout le camp » (là, c'est sa réalité). L'imagination de l'ordurier étant au pouvoir, devant les réticences légitimes de chacun à continuer de creuser le puits sans fond de ses idées les plus connes, de nombreuses insultes et sous-entendus agrémentent le tout…

Fort heureusement, car assez régulièrement, après avoir maintes fois essayé le politiquement correct pour l'arrêter dans ses délires, une personne de son entourage craque et, craquant, lui assène ses quatre vérités. Quatre vérités qui peuvent se résumer à un « Arrête tes conneries » bien senti. Il se peut même qu'une porte claque, voire, lorsque c'est champagne, qu'il se prenne une grande claque (au sens propre du terme). Ce qui, par ailleurs et pour le coup, détend vraiment tout le monde. Faut-il pour autant en arriver à ces extrémités ? Si c'est tentant, cela reste évidemment discutable. Si l'attitude est louable, elle est souvent parfaitement inutile puisque, de toute façon, si personne ne le stoppe, excepté le fait de les subir, ses inepties ont l'élégance de s'effondrer d'elles-mêmes.

La partie, cependant, n'est pas gagnée. En effet, loin d'être décontenancé par ce nouvel échec, le con au bureau passe à une autre étape et provoque de nouvelles réunions consacrées à la recherche acharnée de coupables. La question existentielle du con étant : « Mais qui a bien pu faire foirer ma connerie ? » En effet, le con aime à trouver des responsables à ses échecs répétés. Des études prouveraient certainement que ses ancêtres étaient chapeliers (noble métier s'il en est), le con au bureau ayant, de façon plus modeste, en quelque sorte repris le flambeau sans la flamme puisque son truc à lui ne se réduit plus qu'à... faire porter le chapeau.

Jesaistouite de la langue

La *jesaistouite* est une maladie fréquente chez le con au bureau. Il sait tout sur tout et, ce qu'il ignore, c'est ce dont il pense parler le mieux. C'est un théoricien redoutable, à même de théoriser au pied levé sur tout type de sujet. Ceux-ci pouvant aller de la fusion thermonucléaire par confinement magnétique jusqu'à la nanotechnologie moléculaire dont il vous révèle qu'il en est quasiment l'inventeur. Voulant tout contrôler, il est naturel qu'il veuille et prétende tout savoir. La *jesaistouite aiguë* entraînant souvent chez le sujet une grande incapacité d'écoute, puisque le *jesaistouite* parle, parle, parle...

Dans ce curieux monologue d'absurdités, vous en avez été le témoin impuissant, il est bien difficile d'en placer une, à moins, une fois encore, de placer un « Ta gueule ! » dont la radicalité peut le scotcher, au moins de façon momentanée, dans sa logorrhée. Mais, pour l'avoir testé, sachez que rien n'est moins sûr. Le patient atteint de *jesaistouite* est quasiment inarrêtable, sauf, éventuellement, par un autre patient qui, dans la même salle et au même moment, présenterait les mêmes symptômes. Lancer alors les deux théoriciens émérites sur un débat polémique, comme l'impact sociologique des 35 heures ou l'avenir des ministères en vase clos, peut être l'occasion d'une partie de belle rigolade. Cela vous apportera la preuve, s'il en est encore besoin, que la *jesaistouite* est une maladie grave qu'il faut prendre avec grand sérieux, c'est-à-dire avec des boules Quies.

Ces crises, à mi-chemin entre le *delirium tremens* et la bouffée psychotique, se produisent le plus souvent en réunion. Comme le recours préalablement proposé (les boules Quies) manque peut-être de discrétion, il semble plus judicieux – dans tous les cas, beaucoup plus réaliste – de laisser le patient se déverser en pensant à des choses agréables comme des vacances ensoleillées très, mais alors très très éloignées du malade. N'hésitez pas à prévoir des séquences visuelles longues avec massage, bain moussant, bain à bulles, puisque la *jesaistouite* laisse croire à celui qui en est atteint que c'est un grand orateur, cela peut donc durer fort longtemps.

Autorititite cérébrale

Son incapacité à déléguer est une constante. Ourdissant des complots à tout va, le con au bureau vit de fait dans une sorte d'éternelle paranoïa. Comme si tout le monde était centré sur la démolition de sa petite personne. On appelle cela, vous vous en doutez, être *con-centré*. Il nous faut reconnaître à ce sujet qu'il n'a pas complètement tort. Comme il se fait sans cesse des nouveaux amis, ces derniers finissent par être très tentés de lui rendre son affection.

Quoi qu'il en soit, déléguer et faire confiance sont pour le con au bureau deux très gros mots ! S'il délègue, c'est pour mieux reprendre, à tout moment, quand il le veut (surtout quand le projet est abouti) ; quant à accepter de réaliser un travail qui vous est confié par un con de cet acabit, que dire ? Si vous ne pouvez pas faire autrement, il faut partir avec l'idée que c'est un peu comme accepter de faire une course en solitaire avec un équipage daubé. Bref, ça n'a pas de sens, mais vous n'y pouvez rien, plus vous barrez vers la côte, plus la rive s'éloigne. Tout au long de cette étrange traversée, votre travail consistera à ne pas couler en évitant les écueils et les crocs-en-jambe, parce que si la destination est aléatoire, une chose est certaine : dans cette traversée à hauts risques, pour ramer, vous allez ramer !

La rumeurite hallucinogène

Le con hiérarchique est friand de rumeurs. Non pas des rumeurs le concernant, puisqu'elles n'ont rien à voir avec des rumeurs et s'apparentent à des faits navrants, mais plutôt des rumeurs sur les autres, donc sur vous. Probable lecteur assidu de *Voici* et de *Gala*, il développe une approche quasi journalistique, c'est-à-dire que les rumeurs, quand elles n'existent pas, il les fabrique.

C'est cela, être atteint de la *rumeurite hallucinogène*. Si le malade ne sent rien, comme toutes les infections chroniques du con au bureau, elles polluent la vie des autres. Il entend des trucs sur vous tous le temps, un peu modèle Jeanne d'Arc avant l'incendie. C'est à lui tout seul un véritable cabinet dentaire embarqué ou une salle d'attente de médecin, au choix. Les « On m'a dit que » ;

« Il paraîtrait que » ; « Je me suis laissé rapporté que », c'est son truc. C'est gratuit, invérifiable, déstabilisant, et totalement disqualifiant puisque, comme il n'y a pas de faits, on ne peut pas argumenter – genre, j'ai un dossier sur vous mais surtout je ne vous le montre pas.

Vous ne vous en doutiez pas, mais pendant que vous travailliez, *on* lui a rapporté des tas de choses. « Que votre travail n'avançait pas » ; « Qu'Untel n'était pas satisfait de vous » ; « Que beaucoup de personnes se plaignaient… » Bref, des tonnes de commérages de ce *on*, un salarié fantôme qui pourrait vous faire croire que vous travaillez dans une entreprise type famille recomposée entre, d'un côté, la DGSE et, de l'autre, les RG. Bien sûr, toutes ces amabilités sont balancées avec un air faussement navré – genre, vous comprenez que dans ces conditions je ne puisse vous augmenter – qui appelle une réponse circonstanciée de votre part. Dans ces situations, sachez que se justifier n'a aucun sens. Et puis, se justifier, ce serait déjà admettre. Au contraire, il est judicieux de feindre un étonnement soucieux avec quelques petits mots-clés qui vous permettront de résoudre ce que vous appellerez des malentendus et, si Dieu le veut, de mettre la main au collet de cette nuée de *on*.

« Qui ? » ; « Où ? » ; « Quand ? » ; « Comment ? », voilà les questions que vous devez poser. Et vous devrez les poser tant que vous n'avez pas de réponse. Là, il faut tenir, ne pas le lâcher. Croyez-moi, c'est hyper efficace. Pris dans la nasse de votre acharnement à remettre un peu d'ordre dans ses piteuses inventions, le con au bureau se trouvera fort dépourvu devant vos questions venues. Pour s'en dépatouiller, il essaiera beaucoup de choses, pour finir, quand il le pourra, par botter en touche. Il peut même oser se la jouer paternaliste protecteur, avec un « N'en parlons plus ! » qui se veut définitif. Ne vous y fiez pas et tenez bon : « Au contraire, parlons-en ! » Lorsqu'il est pris la main dans le pot de confiture, le con au bureau est suffisamment lâche pour jouer les grands seigneurs. Alors, que dalle, on est bien d'accord, on ne lâche rien. Revenez-y : « Qui ? » ; « Où ? » ; « Quand ? » ; « Comment ? »... ; « Qui ? » ; « Où ? » ; « Quand ? » ; « Comment ? »... ; « Qui ? » ; « Où ? » ; « Quand ? » ; « Comment ? »..., autant de fois qu'il sera nécessaire, et de façon, comme je vous l'ai montrée, répétitive : « Qui ? » ; « Où ? » ; « Quand ? » ; « Comment ? »... ; « Qui ? » ; « Où ? » ; « Quand ? » ; « Comment ? »... Bref, remuez la cuillère, étalez la confiture, barbouillez-le, vous le tenez. Et d'ailleurs, c'est bien fait pour sa pomme. Pour parachever l'ensemble, saupoudrez le tout d'un peu de sucre glace. Envoyez un e-mail à son n + 1 à lui. Un e-mail qui reprend point pour point toutes ses accusations sans preuves et son incapacité à répondre ne serait-ce qu'à une seule de vos questions.

Je ne dis pas qu'il ne va pas renaître de ses cendres – la connerie, c'est un peu comme les morts-vivants, cela bouge toujours un peu –, mais, normalement, vous avez gagné quelques semaines de repos bien méritées.

La confrérite frénétique

Aussi surprenant que cela puisse paraître, le con au bureau, et tout précisément le con au bureau en chef, sait reconnaître avec sincérité le talent d'autrui et le récompenser comme il se doit. La *confrérite* dont il est atteint peut se déclencher lors des grands-messes d'entreprise. Le con prend la parole en tant que chef des cons, puis se livre à un rituel amusant de distribution de médailles. Les heureux et heureuses élus sont nommés, applaudis et remerciés chaleureusement pour leurs apports respectifs à la connerie au bureau.

Vous l'aurez compris, mais peut-être que jusqu'à présent vous ne vous en étiez jamais senti flatté, vous n'êtes bien sûr jamais cité. Entre nous, Dieu vous en préserve, ou Allah, ou Jéhovah, ou n'importe quoi d'à peu près bienveillant puisque vous échappez au défilé d'une brochette de cons, ravi d'avoir été ainsi récompensé. Parce qu'on ne change pas une équipe qui gagne (du moins, jusqu'à ce qu'elle perde), ces cérémonies ubuesques clôturent un cycle d'une année de vacheries diverses et avariées.

La seule bonne nouvelle, c'est que cela fleure bon les vacances. Et puis, cette *confrérite* n'est pas vraiment alarmante. Le con au bureau, dans sa sagesse venue de nulle part, sait reconnaître ses frères d'armes ; et après ? Bien sûr, la première année, cela fait légèrement froid dans le dos ; la deuxième année, on en sourit timidement ; la troisième année, on en rigole avant et on s'en fout pendant ; la quatrième année, on se surprend (croyant ou non-croyant) à brûler une centaine de cierges pour être sûr de ne pas être cité. Enfin, après cinq ans, si vous continuez à y aller, c'est que vous ne disposez pas d'enregistrement de la première cérémonie, pour rigoler de chez vous, sous votre couette, avec le conjoint ou la conjointe, de votre con préféré.

La jmenmêlite

Le con au bureau, vous l'avez sans doute remarqué, n'a pas de territoire, au sens où il n'a pas de limites. En cela, on pourrait l'apparenter à ces espèces d'animaux volants (autrement appelés oiseaux) qui, incapables de construire des nids, s'empressent de piquer ceux du voisin en bousillant les œufs au passage. Pour faire simple, il se mêle de tout ou, plutôt, il s'emmêle dans tout. Sitôt sorti de son bureau, le malfaisant a une propension à mettre le nez partout. Il veut tout maîtriser, tout voir, tout savoir, tout contrôler. Pour résumer, dès qu'il touche à quelque chose, il se fait l'allié objectif de vos ennemis les plus retors.

Cette dégénérescence territoriale nécessite des rappels à l'ordre réguliers destinés à le ramener dans la petite niche qu'il n'aurait jamais dû quitter. Il faut vous faire une raison, tel le pitbull moyen, il reviendra inlassablement à la charge pour piétiner vos plates-bandes, comme un chienchien vous ramèrerait une baballe. À cela, tous les vétérinaires honnêtes, qui ont tourné le dos à la psychanalyse de ces bestioles, vous le confirmeront, rien ne vaut un bon coup de pied !

Arrivite fayotoïde

Si personne ne sait vraiment où il va, le con au bureau croit le savoir. Il veut arriver. Sa trajectoire incertaine, dans un style « tir d'Ariane » parfaitement loupé, surprend. Pourtant, si vous vous risquez à le lui demander (car engager la conversation avec un con au bureau, comme la montagne même par temps clair, est toujours risqué), lui, il sait où il va. Le con au bureau atteint de la fameuse *arrivite fayotoïde*, prenant appui sur tous ses travers (de porc !), va tout droit ou, plus exactement, tout en haut. Cette certitude l'a conforté dans sa croyance d'être l'élu. Aussi n'oublie-t-il jamais au saut du lit de réciter la prière universelle des malheureux atteints par ce fléau. Ce qui lui permet, à défaut de ne plus être détestable (ce serait trop beau), de se réconcilier avec lui-même et, ainsi, de faire de lui un con au bureau en parfaite harmonie avec sa connerie.

Mon Dieu, donne-moi la sérénité qu'il faut pour accepter les choses que je ne peux pas changer.
Apporte-moi le courage de changer les choses que je ne peux pas accepter.
Et accorde-moi la sagesse qu'il faut pour cacher les corps de ceux que j'aurais dû tuer lâchement parce qu'ils se mettaient très stupidement en travers de mon chemin.
Aide-moi encore à faire attention aux pieds sur lesquels je marche aujourd'hui, car ils peuvent être reliés au cul que j'aurais à lécher demain.
Jusqu'à maintenant, mon Dieu, pour cette journée, j'ai bien fait tout comme il faut. Je n'ai pas cancané, je ne me suis pas mis en colère,

je n'ai pas péché par gourmandise, je n'ai été ni méchant ni égoïste.
Et pour ça, je suis vraiment content puisque je suis réveillé depuis déjà quatorze secondes.
Mais pourtant, mon Dieu, maintenant que je vais sortir du lit, là, je vais vraiment avoir besoin de ton aide.
Amen[1].

Beaumarchais, qui finalement n'était pas si con, résumait ainsi la situation :

Médiocre et rampant, on arrive à tout.

1. Source : « Internet at Large ». http ://aseroulerpar terre.com. Adaptation : Tonvoisin Debureau.

Leçon n° 7
Pathologie du con au bureau

Pour approcher la pathologie du con au bureau, la comparaison avec la pathologie du Président Wilson peut être intéressante. En effet, comme nous le verrons ci-dessous, certains aspects de la personnalité du con au bureau reproduisent point pour point, le talent en moins – en effet, et je vous l'accorde, le con au bureau, s'il en a les défauts, n'en a pas les qualités –, certains aspects de la personnalité du Président Wilson. J'ai donc qualifié la pathologie du con au bureau, « syndrome de Wilson ».

Présentation du Président Wilson

Avocat en 1882 puis professeur d'économie politique en 1888 avant de devenir président de l'université de Princeton en 1902, Wilson, comme c'est marqué dans le dictionnaire, a commencé sa carrière politique comme gouverneur démocrate (tu parles !) du New Jersey en 1911, avant d'être désigné comme candidat démocrate à la présidence et élu contre Roosevelt en 1912, puis réélu en 1916. Pour faire court

– comme le disait ce professeur en commençant son cours pour le finir aussitôt, joignant ainsi le geste à la promesse –, Wilson fut président des États-Unis jusqu'en 1921.

Pour éclairer cette carrière professionnelle, il faut connaître l'enfance de Wilson, et tout particulièrement sa relation à son père. Wilson est né le 28 décembre 1856 de parents émigrés presbytériens de l'Ulster. Son père prêchait en chaire et faisait continuellement des sermons à sa famille. Lors de ces sermons, au-delà des messages assénés, il apparaissait clairement qu'il adorait s'écouter parler. À côté, sa mère semblera toujours sans grande consistance. Aussi n'en parlerai-je plus.

Les relations de Wilson avec son père étaient très fusionnelles. Le père représentait tout ce que son fils aurait voulu être et n'était pas. Il était beau et fort, lui, petit et laid. Pour Freud, ce que reprendra Gérard Miller dans sa préface au *Président Wilson,* « Wilson était un névrosé qui s'approcha dangereusement de cette terre psychique d'où peu de voyageurs reviennent, celle où les faits résultent des désirs, où les amis se transforment en traîtres et où une chaise d'asile peut devenir le trône de Dieu. »

Les soubassements de telles personnalités, et donc de la personnalité du con au bureau, sont à rechercher dans leur surmoi. « Ces personnalités ont en effet un surmoi qui véhicule des idéaux si grandioses qu'il exige l'impossible du moi. [...] Un surmoi de ce genre produit quelques grands hommes et beaucoup de psychotiques et de névrosés. La manière dont se développe un tel surmoi est facile à comprendre si l'on considère que tout enfant a une idée exagérée de la grandeur et de la puissance de son père. Dans bien des cas, cette exagération est si excessive que le père auquel s'identifie le petit garçon et dont l'image devient son surmoi équivaut au père tout-puissant. Or, le père tout-puissant, c'est Dieu. Un tel surmoi exige continuellement l'impossible du moi. Quoi que le moi puisse réussir dans la vie, le surmoi n'est jamais satisfait. [...] Quand le fils s'identifie à son père, qu'il identifie son père à Dieu et qu'il érige ce père en surmoi, il sent que Dieu est en lui, et qu'il est devenu Dieu. Tout ce qu'il fait doit être bien puisque c'est Dieu lui-même qui le fait[1]. »

Pour arriver (dans son inconscient, évidemment) à être l'égal de ce qu'il croit être la puissance de son père (que celui-ci soit vivant ou mort, cela ne change rien), le con au bureau peut oublier ses engagements (par exemple, en termes de promotion à un subordonné). De même, le con au bureau, à part les e-mails (et encore), n'écrit pas grand-chose. Il n'hésite pas, en revanche, à signer les articles et communiqués destinés à la presse et à tout faire pour être dans le journal, où jamais il ne fait référence à ses équipes. Le con au bureau est comme le spectateur con qui assiste à une réunion sportive. Lorsque son équipe connaît une réussite, il dit : « J'ai gagné », qu'il faut entendre comme « Si tout va bien, c'est bien grâce à moi », et lorsque son équipe connaît un revers, il dit : « Ils ont perdu », et même, au moins pour lui : « Ils ont perdu, ces cons. » Comme quoi, et comme je vous le disais

1. Sigmund Freud, William C. Bullitt, *Le Président Thomas Woodrow Wilson : portrait psychologique*, Payot, p. 82, 1990.

en préambule, on est toujours au moins un peu le con de quelqu'un, ne serait-ce que de son con au bureau. C'est pour cela que le con au bureau est incapable de véritablement déléguer. Au four et au moulin, il multiplie les erreurs et les fautes, qu'il met d'ailleurs immédiatement sur le dos de ses collaborateurs.

D'un point de vue psychologique, cela s'origine lorsque, enfant, le futur con au bureau qu'il sera une fois devenu grand (on ne devrait jamais être trop pressé que les enfants grandissent) a complètement repoussé toute hostilité envers son père parce que ce n'est pas bien de détester son père, même si, évidemment, il le déteste grave. C'est ce qui fait que, plus tard, il va détester à peu près tout le monde. C'est ce qui fait aussi que le con au bureau ne peut que très difficilement travailler avec les autres car il est contraint de les détester. Cette détestation atteignant son paroxysme si ses collaborateurs, subordonnés ou hiérarchiques sont meilleurs que lui (ce qui n'est évidemment pas très difficile). Et encore, je ne vous dis pas ce qui se passe si le con au bureau croit reconnaître chez ses collaborateurs des traits de son propre père... C'est cette même hostilité inconsciente à l'égard de son père qui marque la prédisposition du con au bureau à une belle paranoïa et à de belles maladies de peau en perspective. Il faut bien que le corps montre un peu de la connerie dans la tête.

Paranoïa et faille narcissique du con au bureau

Le con au bureau présente les traits pathologiques suivants : des difficultés narcissiques importantes au niveau de l'estime de soi, un besoin d'emprise excessif sur les autres, une difficulté à gérer son agressivité qui se manifeste sous la forme d'un comportement azimuté, des mécanismes de clivage importants, c'est-à-dire, comme dirait l'autre, qu'il existe un hiatus entre ses capacités intellectuelles (qui existent tout de même – il n'est pas donné à tout le monde de comprendre aussi vite que s'il veut grimper dans la hiérarchie, plutôt que de travailler, mieux vaut qu'il accapare le travail des autres ; plutôt que de parler et d'engager le dialogue, mieux vaut qu'il recourt à l'engueulade...) et ce qu'il éprouve au niveau affectif. Le con au bureau va donc être quelqu'un de très susceptible. Il ne supporte pas des opinions différentes, et encore moins le désaccord.

La faille narcissique du con au bureau est telle que si un subordonné s'avise de lui faire comprendre qu'il est dans l'erreur, le con au bureau risque l'écroulement. En effet, quelques critiques qui puissent être émises, il l'assimile à une attaque personnelle. S'il finit par comprendre qu'il est vraiment dans son tort, le con au bureau inverse les rôles, s'approprie l'idée de son subordonné. C'est ce même mouvement qui explique que le con au bureau, après avoir bien critiqué et savonné le travail de ses subordonnés, lorsqu'il comprend enfin que ceux-ci ont raison, est capable sans aucune explication de leur reprendre un dossier pour s'en approprier les résultats.

Ainsi, et comme je vous le laissais déjà entendre, c'est bien de son incompétence que le con au bureau se défend. En effet, pour lui, il n'existe pas d'alternative. Ou il arrive à se convaincre qu'il est le meilleur (digne du regard de son père), ou il ne vaut rien (indigne du regard de son père). On retrouve là, ce que je vous disais ci-dessus, certains mécanismes de la paranoïa, tant il paraît impossible de négocier avec lui sur de nombreux points. L'individu paranoïaque, et donc votre con au bureau, peut être défini comme une personne qui, parce qu'elle se protège de son agressivité, reçoit comme agressif tout comportement d'une personne contre laquelle elle ressent inconsciemment de l'agressivité. L'individu paranoïaque introduit partout des significations interprétatives de ses perceptions, sensations et événements de la vie quotidienne. C'est pour cela que les équipes éprouvent une véritable crainte par rapport à quelqu'un dont elles sentent bien qu'il possède en lui tout l'attirail du con psychopathe. Cette propension inconsciente trouve son origine dans la haine du con au bureau contre un père consciemment adoré puisque beaucoup trop idéalisé qui l'a, par sa présence, bien trop marqué. En réalité, ce père l'a surtout castré, l'empêchant ainsi d'identifier ses vrais désirs, au profit, pour s'y conformer, des désirs de son père pour lui[1].

---

1. Pour les puristes, voici une des définitions que l'on peut trouver de la paranoïa. Comme vous le constaterez avec effroi ou/et résignation – car la paranoïa est une psychose et on n'en guérit pas comme cela –, cette définition s'applique point pour point à votre con au bureau : « Suspicion et défiance à l'égard des autres. Hypersensibilité et

Aveuglé par un père dont il aspire toute sa vie à être digne, aveuglé par sa paranoïa qui le maintient en perpétuel état d'hors réalité, le con au bureau est, chaque jour, renforcé dans sa conviction d'être né pour être le chef, et c'est bien là tout votre drame.

---

hypervigilance. Prompte riposte – le plus souvent sur le mode de l'engueulade – contre tout ce qui est ressenti comme une menace. Recherche excessive de motifs cachés et de significations particulières, quitte s'il le faut à inventer de fausses preuves, à propager des rumeurs. Jouissance à se laisser berner par des individus médiocres qui n'ont de cesse que de détruire l'organisation pour monter des dossiers sur des personnes sans jamais penser à entendre ces mêmes personnes... » Impressionnant, non, cette ressemblance avec votre con au bureau ?

Leçon n° 8

Approche scientifique de la connerie au travail

Et si vous vous étiez fourvoyé ? Et si votre voisin de bureau n'était pas si con que cela ?

Le doute vous taraude ? Et si, finalement, c'était vous, le paranoïaque ? Je vous rassure tout de suite, en règle générale, si le con au bureau vous est viscéralement insupportable, s'il excelle dans l'art de vous mettre hors de vous, un seul conseil, faites confiance à votre instinct. Comme je vous le disais, il est assez rare de se tromper sur ce type de diagnostic. Qui plus est, s'il vous révulse, il y a de grandes chances pour qu'il en révulse d'autres. Le con au bureau a cette particularité qu'il fait presque toujours l'unanimité, excepté, bien sûr, chez ceux qui, trop fragiles, sombrent dans une forme de syndrome de Stockholm.

Néanmoins, c'est tout à votre honneur que de mettre en doute votre jugement. Aussi, et pour vous assurer qu'il n'y a pas, en fin de compte, tromperie sur la marchandise, prenez un peu de temps et prêtez-vous à un test très simple.

L'approche empirique

Si celui que vous qualifiez, finalement et peut-être hâtivement, de con, est affublé d'un sobriquet ridicule par les ilotes récalcitrants dont vous faites partie, s'il est sensible aux flatteries, s'il jouit de votre souffrance au travail, si pour asseoir sa fausse puissance il va, au fil des jours, traiter de plus en plus durement ses collaborateurs, vous appeler au téléphone en plein après-midi et vous gueuler dessus avec des arguments aussi ténus que sa compétence (trop indulgent, on ne vous refera pas, vous mettez cela sur le compte de l'alcool – mais je vous le dis, l'alcool n'explique pas tout), si depuis déjà belle lurette les règles de civilité du discours ont fait place à des ordres et contrordres orduriers, alors nul doute, c'est un très beau spécimen dont vous pouvez être fier. Si, par contre et par exemple, votre con au bureau n'a pas de pseudo, n'en tirez pas pour autant de conclusion inverse. C'est très vraisemblablement que, devant le nombre de sobriquets vachards qui lui iraient si bien, vous et vos camarades résistants avez du mal à vous décider. Face à cette situation, trouver un consensus passera certainement par un vote joyeux qui égayera votre pause déjeuner. Il serait sot de vous en priver.

Un autre test consiste à écouter les phrases maugréées à son approche. Si, à quelque chose près, cela donne : « Le voilà » ; « V'là Ducon », « V'là l'autre » ; « Putain, encore lui » ; « Devine qui arrive ? », alors, pas de doute, si la connerie était cotée en Bourse, il serait incarcéré pour délit d'initié.

Quelques questions simples peuvent, s'il en était encore besoin, vous conforter dans votre premier jugement.

- Il/elle est capable d'organiser des réunions où il/elle se fait excuser ?
- Il/elle fait des réunions le vendredi à 19 h 30 ?
- Il/elle se force à assister à des matches de rugby (ou de foot, c'est selon la région) alors qu'il/elle n'y trave rien ?
- Il/elle rit connement aux plaisanteries de son supérieur ?
- Il/elle disqualifie ses collaborateurs en public ?
- Il/elle, devant le premier désaccord, ne sait que gueuler ?
- Il/elle peut disqualifier sa propre hiérarchie (alors évidemment absente) devant ses propres subordonnés ?
- Il/elle fait envoyer ses e-mails personnels par son assistante alors qu'il/elle a tout son temps pour le faire ?
- Il/elle a l'air con(ne) de façon globale ?
- Il/elle adore la minute pour les blondes ?
- Il/elle est friand(e) de blagues grasses de fin de repas ?
- Il/elle entre dans votre bureau sans frapper ?
- Il/elle mange comme un porc ?
- Quelqu'un lui a déjà cassé la gueule ?
- Vous lui avez cassé la gueule ?
- Vous avez pensé à lui casser la gueule ?
- Vous avez payé quelqu'un pour lui casser la gueule ?
- Vous avez emprunté pour payer quelqu'un... ?

– Il/elle boit son café debout au comptoir ?
– Il/elle trouve que Bush est un formidable Président ?
– Il/elle était pour la guerre en Irak ?
– Quelqu'un, qui l'a seulement croisé(e) quelques secondes, vous a déjà demandé : « C'est qui, ce(tte) con(ne) ? »

Si vous avez répondu « oui » à une seule de ces questions, il existe une forte présomption, c'est très sûrement un beau con au bureau. Ne reste plus alors qu'à trouver l'adjectif qui pourrait le mieux le caractériser. Par exemple, est-il con comme la lune ? Con comme un manche ? Con comme une brêle ? Con comme une valise ? Con comme un fer à repasser ? Con comme une bite ? Con comme une BA ? Con comme une BD ? Con comme un âne ? Con comme ses pieds ?...

L'approche par la science

Autant le dire tout de suite – âmes sensibles, s'abstenir –, je vais, à mon tour, faire montre d'une certaine violence pour caractériser de façon scientifique la connerie du con au bureau. Je ne vais donc pas – que vous m'en pardonniez éventuellement – y aller par quatre chemins.

Si, comme je l'ai dit jusqu'à présent pour ne heurter personne, le con au bureau est un grand malade, il est surtout et avant tout un grand pervers. Ça y est, le mot est lâché ! Cette perversion, s'il s'agit d'un con n + 1, va s'exprimer dans ce qu'il est convenu d'appeler les perversions du management. Parce qu'elles sont une défense contre la menace que représente l'être de l'autre et conséquemment un refus de lui accorder de l'être (grosso modo, il vous méprise), les perversions organisent l'effort de nier son existence, de l'invalider, de le déprécier, de le dégrader, de le tenir pour rien ou de l'avilir. Bref, et comme vous le vivez chaque jour, la jouissance du con au bureau, c'est votre souffrance morale à vous.

S'il est une chose à retenir dans cet ouvrage, c'est bien celle-là, car c'est grâce à cela que vous pouvez, à coup sûr, qualifier votre voisin de bureau de con au bureau !

À l'échelle managériale, les perversions participent de l'intention de *chosifier* les salariés. En cela, les perversions sont d'abord *défense existentielle*. Pour faire emprunt à Mynard, tout se passe comme si toute velléité d'épanouissement des salariés était ressentie par le con au bureau comme une menace vitale et, secondairement seulement, comme risquant de faire obstacle au plaisir[1].

Concrètement, les effets de ces perversions – pour poursuivre sur l'exemple facile (je vous l'accorde) du con n + 1, notre fameux con au bureau *standard* ou con au bureau *témoin* comme on parlerait d'une maison témoin – vont s'exprimer :

1. Par la loi du plus fort : cela veut dire que, dans l'entreprise alors, ce sont les plus forts (à entendre malheureusement les cons au bureau) qui y font la loi. Ce sont ceux que n'arrêtent aucun scrupule, aucune pitié. De fait, les règles (alors,

1. Jacques Mynard, « Perversité/perversions et de l'avantage de les différencier », *Revue française de psychanalyse*, p. 386, tome XLVII, janvier-février 1983.

je ne vous dis pas l'éthique) n'arrêtent jamais les cons au bureau. Tant qu'il est n quelque chose, le con au bureau s'arroge tous les droits.

2. Par le choix de « favoris » : des personnes, sans doute de futurs cons au bureau en puissance, vont gravir très vite beaucoup d'échelons là où vous, vous restez scotché en bas de l'échelle. Protéger et encourager les favoris, c'est nécessairement, pour les cons au bureau, favoriser l'envahissement des médiocrités. C'est organiser la suspicion. Les salariés chronomètrent le temps accordé par le con au bureau, scrutent les mines déconfites, guettent les tutoiements en privé et vouvoiements en public. Semblable au Père Goriot, dressé à lécher la main de son maître quand elle est pleine de sang, le favori se fait le chien du con au bureau ; il ne discute pas, il ne juge pas, il ferait tout pour le con au bureau, en un mot en un seul, il est porte-serviette. C'est d'ailleurs beaucoup pour cela que le con au bureau l'a choisi.

3. Par l'apparition de la corruption : dès lors que l'entreprise est régie par la loi du plus fort, dès lors que les favoris sont aux postes-clés, les cons au bureau peuvent à loisir organiser les compromis et les malversations. Les cons au bureau pourraient faire leur le conseil de Vautrin : « Savez-vous comment on fait son chemin ici ? Par l'éclat du génie ou par adresse de la corruption. L'honnêteté ne sert à rien. Pour s'enrichir, il s'agit de jouer de grands coups. Sachez seulement vous bien débarbouiller. Là est toute la morale. Si j'ai encore un conseil à vous donner, mon ange, c'est de ne pas plus tenir à vos opinions qu'à vos paroles. Quand

on vous les demandera, vendez-les. » Garantie sur facture, le con au bureau est passé maître dans la magouille et les détournements en tout genre.

4. Par les humiliations et disqualifications quotidiennes : les cons au bureau semblent doués d'une sorte de flair pour deviner la gêne des autres et en profiter. Plus connement encore, le travail quotidien des collaborateurs n'est que rarement et sincèrement (sans arrière-pensées dont l'objet est d'obtenir davantage des salariés) récompensé, pas plus qu'il n'est remercié. Les cons au bureau montrent souvent autant de jugement sur les salariés – jugement à l'emporte-pièce, pour le seul plaisir d'impressionner leurs collègues, d'humilier et ainsi de disqualifier les salariés – que l'académicien François-Guillaume Andrieux à propos de *Cromwell*, une pièce en vers de Balzac : « L'auteur doit faire quoi que ce soit excepté de la littérature. »

5. Par les plaisirs à bon marché : les cons au bureau vont prendre ainsi un plaisir infini à ce que j'appelle la triangulation. Le procédé est celui-ci : le con au bureau d'un rang n + 5 va encourager par un mode d'organisation informelle les personnes d'un rang n + 3 (voire n + 2...) à venir se plaindre à lui du management d'une ou de plusieurs personnes du rang n + 4 – vous me suivez ? Le plaisir éprouvé par le con au bureau de rang n + 5 est à voir en ce qu'en écoutant ainsi les n + 3 critiquer le ou les n + 4, il se rassure qu'il est bien supérieur à ses premiers subordonnés et, qu'ainsi – parce que ceux-ci peuvent se montrer incompétents

en certaines occasions – , ils seront dans l'incapacité de pouvoir un jour le remplacer. Les cons au bureau aiment s'entendre dire qu'ils sont les meilleurs. Plus encore, lorsque dans le même temps, leurs principaux collègues – dont ils ont toujours à craindre l'ambition puisque eux-mêmes l'ont éprouvée lorsqu'ils étaient en lieu et place de ceux-ci – sont critiqués. Dans ce type de disqualification triangulaire, les n + 4 se retrouvent disqualifiés par le n + 5 dans un : « On m'a dit que… » que nous avons déjà rencontré et dont usent avec une grande jouissance les cons au bureau de rang supérieur.

6. Par l'évidence de leur impuissance : lorsqu'ils sentent qu'ils perdent pied, que leur incompétence va nécessairement être vue de tous, comme Hulot le Petit (*La Cousine Bette*), cet homme grand et nul, les cons au bureau ne s'expriment plus par des mots mais par des cris, quand ce ne sont pas des hurlements. Qui dans l'entreprise où sévissent des cons au bureau n'a jamais entendu dire d'Untel qu'il s'était fait engueuler, que le chef lui avait passé un savon, qu'hier encore il s'en était pris plein la figure, ou encore qu'il craignait que demain il s'en prenne à nouveau plein la gueule ? Certains cons au bureau mêmes, devenus experts dans l'art de gueuler sur tout ce qui bouge et, dans le même temps, sur tout ce qui ne bouge pas, traduisant dans leur rage l'externalisation de leur impuissance à traiter des problèmes, semblent avoir fait de l'engueulade leur seul mode de management.

Leçon n° 9

Comment éradiquer les cons au bureau ?

Avant de commencer cette leçon, il me revient en mémoire ce mot du grand Charles qui, au cours de l'une de ses célèbres conférences de presse (car il s'y passait toujours quelque chose), à un individu qui avait lancé un sonore : « Mort aux cons », avait répondu avec beaucoup d'à-propos : « Mort aux cons ? Vaste programme, vaste programme… » Il faut dire aussi, sans rien retirer de sa lucidité, que dans sa vie il avait eu affaire à de vrais et sales cons.

Alors, peut-on éradiquer les cons au bureau ? Voilà une excellente question à laquelle j'ai consacré beaucoup de temps et d'énergie pour vous apporter une réponse aussi claire que salvatrice. Certes, comme nous l'avons vu, le coincer dans le parking un soir d'hiver et lui présenter de nouveaux amis cagoulés très énervés (et grassement payés) pourrait résoudre quelques points d'incompréhension communicationnelle et permettre, après une ou deux fractures, de repartir sur des bases saines, mais, et comme je l'ai déjà mentionné, cette extrême et agréable perspective relève du fantasme. Il vous faut donc y renoncer.

Pour les plus hardis, la méthode à adopter le plus en amont possible est clairement et sans détour de « l'envoyer balader » à la première alerte. Lacan avait raison disant (presque) :

Avec les cons au bureau, il faut être odieux !

Aussi bizarre que cela puisse paraître, le con au bureau se mettra alors et très curieusement à vous respecter ou, du moins, à vous éviter avec soin ! Il faut le savoir, le con au bureau est avant tout quelqu'un qui a peur. Et tout particulièrement peur de vous. Il ne faut donc pas hésiter à se comporter avec un con comme… un con. Cela occasionne chez le sujet cible un méga bug dans son mode de fonctionnement, son cerveau étant incapable d'analyser cette situation inédite. Après cet électrochoc, revenu de son hébétement, il comprend assez vite qu'il souhaite moyennement renouveler cette fâcheuse expérience.

Voici, à titre d'exemple, ce que vous pouvez lui dire.

Allez-vous faire foutre !
Vous me faites chier !
Vous êtes vraiment trop con !
Vous êtes un grand malade !
Pauvre débile !

Ce ne sont ici que quelques phrases anodines auxquelles vous admettrez avoir pensé sans qu'il eût été nécessaire que je vous les suggère, mais sans jamais peut-être avoir osé les prononcer. Eh bien, vous avez eu tort !

Pour les moins hardis, ou ayant déjà toléré l'inacceptable, de façon plus raisonnable, il apparaît qu'il suffit dans de nombreuses situations (évaluation incluse) d'utiliser le « mot magique ». Non que le con au bureau soit particulièrement crédule, mais il est avéré qu'en de nombreuses occasions l'utilisation du « mot magique » est probante ! Comme pour les gamins qui oublient de dire « merci », le « mot magique » a ici un effet radical sur notre sujet. Et, parce que cela le stoppe comme un épagneul breton se mettrait à l'arrêt, cela remplace avantageusement d'avoir à se salir les mains en le claquant. Ce mot magique, c'est :

HARCÈLEMENT.

Harcèlement : le mot magique qui peut mettre fin à la connerie

Comme guide d'utilisation du mot magique, je vous propose deux exemples.

Exemple 1 : « *J'ai bien pris note de votre demande. Je vous rappelle néanmoins que votre requête m'apparaît bien éloignée de ce dont nous étions convenus lors de notre dernière réunion. Aussi, je me permets de considérer votre requête, du moins en sa présentation actuelle, comme non possible à suivre. Mais cela, je ne puis naturellement pas l'imaginer, vous comprendriez que cela pourrait s'apparenter à une forme de* harcèlement. *Je vous prie…* »

Exemple 2 : « *Bonjour, je suis très étonnée par votre requête et très dubitative quant à son inten-*

tionnalité. En effet, cela me semble ne pas tenir compte de ce dont nous étions convenus... Aussi, et en l'état actuel, comprenez mon trouble dès lors qu'il me semble que si cela venait à être connu, cela pourrait être perçu comme une forme de harcèlement. »

Les bienfaits du mot magique sont quasi immédiats et y compris sur les plus cons des vrais cons au bureau, autrement appelés de vrais fumiers – cet engrais incomparable où poussent les plus belles conneries.

Pour le con au bureau, le mot « harcèlement » agit telle la gousse d'ail ou la croix renversée, et ce, sur tout type de con en position de supériorité hiérarchique. Le seul effet vraisemblable qu'il ne produit pas, c'est de faire disparaître la peau d'orange, pas plus qu'il n'est efficace sur les rides. Pour le reste, il est à utiliser sans modération.

Incidemment, je ne saurais trop recommander aux bonnes pharmacies, fatiguées de creuser le trou de la Sécurité sociale à coups de pelle, de pioche, d'antidépresseurs et de Témesta, de donner ce même conseil à leurs meilleurs clients.

Jeter un sort : l'action magique qui peut mettre fin à la connerie

Comme il y a le mot magique, « harcèlement », un mot qui fait peur au con au bureau car, sans l'incriminer nécessairement, il n'est jamais blanc-blanc, ne serait-ce que dans sa façon de s'adresser aux uns ou aux autres dans l'entreprise, il existe également l'action magique, qui, comme indiqué ci-dessus, consiste à jeter un sort.

Jeter un sort peut vous sembler relever du délire, sauf, et j'attire votre attention là-dessus, que vous ne vous êtes sans doute jamais mis dans la position de celui ou de celle à qui on aurait jeté un sort. Eh bien, concentrez-vous bien et imaginez un instant qu'une personne bien campée sur ses deux pieds, a priori dans un état on ne peut plus normal, vous regardant droit dans les yeux, vous dise très distinctement : « Toi, je te jette un sort », puis tourne les talons et s'éloigne. Là encore, je vous le dis, je ne suis pas certain que vous puissiez mettre beaucoup de distanciation entre vous et ce qui, encore quelques minutes auparavant, aurait relevé, pour vous du moins, de la simple superstition et même de la franche rigolade.

Pour le con au bureau, s'entendre dire : « Je te jette un sort » a même un effet pire encore. Car, comme nous avons vu que c'est un paranoïaque et donc, par définition, une personne obsessionnelle, tout ce qui sort de sa compréhension brute de fonderie va le troubler, et bien au-delà de vos espérances les plus folles. Là, en face de l'insondable, parce qu'il n'a pas de prise sur le surnaturel – et même si sa conscience lui dit de ne pas y croire ; encore une fois, et c'est vrai pour chacun d'entre nous, que quelqu'un nous dise : « Je te jette un sort », cela fait froid dans le dos –, il va se sentir très mal.

Pour agrémenter le tout, vous pouvez en rajouter. Point trop n'en faut, mais un peu. Ainsi, vous pouvez dire : « Je te jette un sort [un silence, il faut savoir ménager le suspense, et vous ajoutez], à partir d'aujourd'hui tu ne dormiras plus. » Bien sûr que le con au bureau va dormir. Mais mal ! D'abord, qu'il le veuille ou non, le soir, avant de se coucher, il va y penser. C'est plus fort que lui. C'est cela, la force de la suggestion. Ensuite, s'il se réveille la nuit, il va faire la relation avec votre prédiction. Alors, il va s'angoisser d'autant plus et aura d'autant plus de mal à trouver le sommeil. Bref, le con au bureau est sous votre emprise. Très curieusement, ce sont vos nuits à vous qui devraient être beaucoup plus tranquilles. Car, étant moins soumis à sa connerie diurne – gageons qu'il hésitera désormais à venir se frotter à vous –, vous serez moins stressé. Aussi devriez-vous très rapidement recouvrer un sommeil (enfin) réparateur.

C'est important, le sommeil, car cela agit sur le mental, qui agit sur le physique ; or, et comme souvent, la « guerre » contre le con au bureau – et donc son éventuelle éradication – se gagne avant tout sur le physique.

L'arme nucléaire : dire que Tonvoisin Debureau, c'est vous

Après le mot magique, « harcèlement », l'action magique, « jeter un sort », il existe l'arme nucléaire. Cette arme à usage restreint ne doit être utilisée qu'en tout dernier ressort, lorsque toutes les autres tentatives d'éradication du con ont échoué. En effet, outre son impact, l'utilisation de cette arme s'accompagne de retombées radioactives. Non d'avoir mis le con sur la paille

– il l'a bien cherché –, mais de la culpabilité qui pourrait vous assaillir à l'idée que, tout con qu'il est, il a peut-être une famille et même, bien que cela ne soit pas très raisonnable pour l'avenir de la planète, des enfants. Cette arme redoutable parce que efficace à 100 % consiste en ceci : faire comprendre au con que vous tenez dans votre viseur que Tonvoisin Debureau, c'est vous ; et que le con qui a déclenché l'urgence d'écrire ce chef-d'œuvre, c'est lui. Pour l'en convaincre, allez-y doucement, conditionnez-le. Laissez volontairement tomber l'ouvrage dans l'ascenseur au moment où le con y est. Mieux, posez le livre bien en évidence sur votre bureau. Lorsqu'il le remarque, lâchez des anodins : « C'est très drôle », « C'est bien vu », « Tout le monde ou presque l'a lu dans la boîte ». Puis faites en sorte qu'on lui rapporte que tout un tas de petits détails font que certains, dans l'entreprise, commencent à penser que Tonvoisin Debureau est parmi eux. Faites courir le bruit que dans le livre des situations, des exemples, des évidences, des attitudes, des initiales, et même de l'alambiqué comme des histoires de codes (qu'il vous appartient d'inventer) le désignent. L'important est de réussir à le faire douter. *Et si Tonvoisin Debureau, c'était lui, mon voisin de bureau ?* Voilà ce qu'il doit maintenant penser.

Bref, et pour être tout à fait clair, car le maniement de l'arme nucléaire ne supporte pas l'à-peu-près, votre mission, si vous n'en pouvez plus de souper de ce con, est de lui faire comprendre que si les salariés de l'entreprise, la communauté économique locale, régionale et même la France entière apprenaient que c'est lui le con étalon parce que déclencheur de ce qui est désormais un ouvrage culte, alors sa carrière – hormis être miraculeusement relancée sur l'un des treize îlots des Bounty (si tant est que les antipodes soient situés assez loin) – serait terminée.

Con-clusion

Peut-on devenir con au bureau ?

Si la question peut paraître surprenante, voire absurde, ce manuel ne serait pas complet si nous ne nous la posions pas sérieusement, même si, comme dirait l'autre, devenir con, même proposé gentiment, ça ne fait pas super, super envie. (Les nouveaux cons, autrement dit ceux qui promettent de beaux futurs cons au bureau, diraient : « On kiffe pas. »)

Soyez rassuré ! La question est ici volontairement mal posée puisqu'il s'agit non pas de savoir si la fréquentation de cons fait devenir con (ce qui peut arriver par contamination), mais de vous laisser entrevoir doucement, et avec pédagogie, la nécessité d'apprendre à le devenir.

En matière de con au bureau, il faut apprendre, comme j'ai essayé de vous le montrer, à soigner le mal par le mal. Une lutte efficace contre le con au bureau demande anticipation, réaction, sublimation de la connerie, et une belle régularité dans l'effort (ne pas oublier que le con au bureau est un champion dans son domaine). Être plus con qu'un vrai con demande, vous le comprendrez, une assiduité sans faille et une volonté de fer.

Car, si le con surprend (même après des années passées à ses côtés) par l'aplomb et l'audace de sa connerie, il faut humblement reconnaître que son niveau de connerie est toujours largement sous-estimé. Imprévisible, il a la connerie audacieuse. Il faut être sur le qui-vive, adopter les bons réflexes, quitte parfois à faire usage de quelques trucs. C'est indispensable pour pouvoir à tout moment se mettre à son niveau, c'est-à-dire descendre très bas et naviguer habilement dans l'océan de sa connerie.

Tâtonnant au départ, vous constaterez des progrès rapides. Cabotant de conneries en vacheries, viendra un moment où, devenu marin chevronné sur les mers des cons au bureau les plus déchaînées, vous ressentirez cette complétude que ressent tout marin franchissant pour la première fois le cap Horn.

Devenu cabotin et expert, ayant dépassé la connerie du con au bureau et gagné le droit, même à contrevent, de lui cracher dessus, vous vous amuserez de ses déferlantes, de ses vagues inutiles, du vent qu'il brasse et du temps qui, de toute façon, finira par faire son œuvre et vous rendre raison !

Annexes

Prière alphabétique aux cons en chef[1]

A. Ne me donnez jamais de travail le matin, surtout pas ! Attendez 18 heures et apportez-le-moi seulement à ce moment-là. La pression d'une échéance à très court terme – quand elle n'est pas tenable – ne peut que me faire beaucoup de bien.

B. Si le travail à faire est urgent, courez dans mon bureau toutes les dix minutes pour m'interrompre et me demander où j'en suis. Cela m'aide beaucoup. Mieux encore, restez debout derrière moi à regarder ce que je fais et n'hésitez pas à me donner des conseils avisés sur la façon de procéder.

C. Lorsque vous partez, ne prévenez personne et ne dites pas où vous allez. J'aime les challenges, et ceci me donne la chance d'être créatif lorsqu'on me demande où l'on peut vous joindre.

---

1. Source : « Internet at Large ». http ://phortail.org/blagues/relations-0352.html#humour. Adaptation : Tonvoisin Debureau.

D. N'hésitez pas à prévoir des réunions qui me concernent sans m'en avertir. Le ridicule agit comme un puissant stimulant sur mon professionnalisme.

E. Si j'ai les mains pleines de documents, de boîtes ou de cartons, ne me tenez pas la porte ; je dois apprendre à travailler sans les mains au cas où je deviendrais manchot.

F. Si vous me donnez plusieurs choses à faire, ne me dites jamais laquelle est prioritaire, je fais de la télépathie !

G. Faites de votre mieux pour que je sois obligé(e) de travailler tard le soir. J'adore mon bureau et je n'ai vraiment rien d'autre à faire et nulle part ailleurs où aller. Je n'ai rien ni personne dans ma vie en dehors de mon travail.

H. Si je fais du bon travail et que vous en êtes satisfait, surtout ne le dites pas. Si cela se savait, je pourrais avoir une promotion... Sachez que je ne pourrais pas supporter de travailler pour un autre, qui sait encore, plus con que vous.

I. Si je fais une erreur ou quelque chose que vous n'aimez pas, dites-le à tout le monde. J'aime être le sujet de conversation. Parler de mon erreur à tout le monde m'aide à m'améliorer.

J. Si un travail nécessite des instructions particulières, ne les écrivez pas. En fait, attendez jusqu'à la toute dernière minute pour me les donner. Il ne faudrait surtout pas me perturber ni me retarder avec des informations utiles.

K. Si vous voyez qu'un dossier que vous m'avez confié est promis à un beau succès, n'hésitez pas à me le retirer sans aucun mot d'explication. Les lauriers vont tellement bien à votre tête de con.

L. N'hésitez pas devant vos collaborateurs à critiquer l'emploi du temps de vos supérieurs hiérarchiques. La critique de vos propres hiérarchiques devant vos collaborateurs fera à coup sûr beaucoup progresser l'entreprise.

M. Ne me présentez pas aux gens qui sont avec vous. Je n'ai aucun droit de savoir quoi que ce soit et encore moins sur qui que ce soit. Plus tard, lorsque vous me parlerez d'eux, je saurai immédiatement à qui vous vous référez grâce à mon incroyable capacité de déduction.

N. Dans la hiérarchie de l'entreprise, n'omettez jamais de me considérer comme le planton de base.

O. N'oubliez pas, le cas échéant, de me parler de façon ordurière et de vous en expliquer en me disant simplement que vous avez autre chose à faire qu'à bien me parler. Il est très important pour moi de pouvoir partager un peu de votre stress au quotidien.

P. Ne soyez gentil avec moi que si le travail que je fais peut vraiment changer votre vie professionnelle et vous envoyer en enfer en cas de pépin.

Q. Racontez-moi tous vos petits problèmes. Personne d'autre n'en a ! C'est agréable de voir quelqu'un qui a moins de chance que moi. J'aime particulièrement lorsque vous vous plaignez de payer trop d'impôts à cause de votre salaire élevé, lorsque vous me parlez de vos dilemmes de placements pour votre dernier bonus, ou quand vous vous plaignez d'avoir eu trois jours de pluie lors de votre dernier mois de vacances à Cancún.

R. Écoutez bien les propos pouraves sur moi. Surtout des paranoïaques, ce sont les meilleurs. Dans la chaîne des cons au bureau, nul doute qu'ils seront relayés et amplifiés avec soin pour mettre du baume sur votre jalousie à mon égard.

S. S'il vous reste un peu de temps, prenez-le pour monter un dossier bien dégueu sur moi. Au besoin, inventez des « preuves ». Ce n'est pas parce qu'elles n'existent pas qu'elles ne devraient pas exister.

T. Mieux, n'hésitez pas à me menacer sans jamais me dire de quoi il en retourne, sans jamais vous enquérir de mon point de vue, ni même m'entendre une fois. Il ne faudrait pas que vous perdiez votre temps avec des détails.

U. Prenez garde de ne jamais me remercier en public et de toujours vous attribuer pour vous seul les succès. En me préservant de la tentation d'avoir un jour la grosse tête, c'est le meilleur service que vous puissiez me rendre.

V. Pensez toujours à bien rejeter la faute sur moi. Me donner, comme cela, des leçons d'humilité est un formidable cadeau que vous me faites.

W. Attendez mon évaluation annuelle pour me dire ce que mes objectifs auraient dû être. Mieux, attendez d'avoir quelque chose à me reprocher pour, enfin, me les révéler. Donnez-moi une note médiocre pour ma performance et ne cédez pas à la tentation facile de vouloir m'augmenter.

X. N'hésitez pas, si vous deviez être à court d'arguments, à minimiser mes résultats au prétexte que j'ai tellement de responsabilités que ce n'est pas du jeu. Seul vous, êtes digne d'avoir des responsabilités et donc des résultats.

Y. Si après coup, vous n'êtes pas satisfait de l'évaluation annuelle que vous avez faite de moi, n'hésitez pas, sans me le dire, à changer des choses comme à modifier les objectifs – ce sera alors une vraie surprise pour moi de découvrir tout cela lors de l'évaluation l'année d'après.

Z. Enfin et surtout, faites en sorte que votre connerie ne me laisse jamais de répit ; mieux, même, qu'elle ne me loupe pas. Parce que, comme l'a dit un type pas con, « Ce qui ne me tue pas me rend plus fort », avouez que ce serait rudement con pour vous !

Des sites ressources contre les vrais cons

Article L.122-49 du code du travail
Sont interdits les « agissements répétés qui ont pour objet ou pour effet une dégradation des conditions de travail susceptibles de porter atteinte aux droits du salarié, à sa dignité, d'altérer sa santé physique ou mentale ou de compromettre son avenir professionnel. »

Doctissimo
Quelques articles :
Dites non au harcèlement moral !
Le travail, c'est la santé ?
Hommes : bien dans mon job.
Stress au travail : attention danger !
http ://www.doctissimo.fr

Association contre le harcèlement professionnel
17, rue Albert-Bayet
75013 Paris
Tél. : 01 45 83 07 20

E-mail : achp@ifrance.com
http ://achp.ifrance.com

Association Mots pour maux au travail
47, rue de la Course
67000 Strasbourg
Tél. : 03 88 22 22 06
Fax : 03 88 22 22 07
E-mail : motspourmaux@wanadoo.fr
http ://membres.lycos.fr/xaumtom

Association Harcèlement moral stop (HMS)
11, rue des Laboureurs
94150 Rungis
Tél. : 06 07 24 35 93
E-mail : courrierhms@aol.com
http ://www.hmstop.com

Association SOS harcèlement professionnel
56, villa Les Poulettes
91160 Longjumeau
E-mail : soshpparis@aol.com
http ://soshp.free.fr

Droits en matière de harcèlement moral
http ://harcelement.info

Le site de la conologie mondiale
En avant-première, découvrez et participez à l'Observatoire international de la connerie au travail (OICT)
http ://travailleravecdescons.com

8948

Composition
PCA

Achevé d'imprimer en Espagne
par ROSES
le 15 janvier 2011.

Dépôt légal janvier 2011.
EAN 9782290009789
1er dépôt légal dans la collection : mars 2009
ÉDITIONS J'AI LU
87, quai Panhard-et-Levassor, 75013 Paris

Diffusion France et étranger : Flammarion